Werner Breem

Zeig mir dein KENNZEICHEN und ich sag dir, wie *scheiße* du fährst

Werner Breem

Zeig mir dein KENNZEICHEN und ich sag dir, wie *scheiße* du fährst

riva

Bibliografische Information der Deutschen Nationalbibliothek:
Die Deutsche Nationalbibliothek verzeichnet diese Publikation in der Deutschen Nationalbibliografie. Detaillierte bibliografische Daten sind im Internet über http://d-nb.de abrufbar.

Für Fragen und Anregungen:
info@rivaverlag.de

1. Auflage 2017

Nymphenburger Straße 86
D-80636 München
Tel.: 089 651285-0
Fax: 089 652096

Umschlaggestaltung: Maria Wittek
Umschlagabbildungen: Maria Wittek, shutterstock.com/Elenarts, shutterstock.com/Jason Winter, shutterstock.com/Valeriya_Dor
Innenabbildungen: Länderkarten: © Fotolia.de/lesniewski; Stadt- und Landkreiskarten: © TUBS/CC BY-SA 3.0; Kfz-Kennzeichen: © shutterstock.com/Jason Winter; Illustrationen: © shutterstock.com/Leremy: S. 5, 11, 13, 17, 29–33, 37, 39, 43, 44, 49–51, 55, 56, 59, 61, 67–79, 83, 85, 99–103, 107–109, 113 u., 117–121, 127, 129, 132, 137–142, 150–153 l. u., 156–158, 165, 168, 171–174, 177 l. u., 178–181; © istockphoto.com/alphabetMN: S. 15, 23–27, 87, 89, 93, 96, 111, 125, 133, 136, 145, 154, 170, 177; © shutterstock.com/feelplus: S. 19, 21, 35, 41, 45–49 u., 53, 57, 63, 65, 71 o., 81, 86, 91, 95, 97, 105, 113 o., 115, 119 o., 123, 131, 135, 143, 147, 149, 153, 160–164, 182
Satz: Daniel Förster, Belgern
Druck: Graspo CZ, Tschechische Republik
Printed in the EU

ISBN Print 978-3-7423-0277-9
ISBN E-Book (PDF) 978-3-95971-745-8
ISBN E-Book (EPUB, Mobi) 978-3-95971-744-1

Weitere Informationen zum Verlag finden Sie unter:

www.rivaverlag.de

Beachten Sie auch unsere weiteren Verlage unter: www.m-vg.de

INHALT

DANK

Ein Buch braucht seine Zeit. Von der ersten Idee bis zum fertigen Buch sind nun gut drei Jahre vergangen. Bedanken möchte ich mich in erster Linie bei meiner Frau Sonja, die es mir in unendlicher Nachsicht verziehen hat, wenn ich mal wieder die Zeit vor meinem Computer vergessen habe, und die mir stets motivierend und helfend zur Seite stand.

Dank auch an Joscha, Birte, Ina und Andreas, die mich durch ihre Neugier ermutigten, »dranzubleiben«.

Bedanken möchte ich mich auch beim Team des riva Verlags, das durch seine tollen Ideen erheblich dazu beigetragen hat, dass aus einer passablen Idee ein schönes Buch geworden ist.

Kamen im Juli 2017
Werner Breem

VORWORT

Autofahren wäre so schön – wären da nicht immer die anderen! Da gibt es beispielsweise den Rumschleicher, der seine Sightseeingtour unbedingt auf der Mittelspur fortsetzen muss. Oder den armen Wicht, der vor dem Einparken noch einmal die Bedienungsanleitung studieren muss, damit er weiß, wo sich der Rückwärtsgang befindet. Ganz zu schweigen von dem fiesen Rüpel, für den alles unter 200 km/h Schrittgeschwindigkeit ist und der alle anderen mit Blinker und Lichthupe von der Fahrbahn drängt. Getreu dem Motto: Überholt wird dort, wo Platz ist. Zur Not tut's auch der Standstreifen.

Beispiele und Gründe, sich über andere Verkehrsteilnehmer aufzuregen, gibt es viele. Laut einer aktuellen Umfrage des Meinungsforschungsinstituts YouGov tut das auch knapp die Hälfte aller Autofahrer. Jeder Dritte meint, die besten Autofahrer kämen aus der Stadt.

Jeder Fünfte glaubt dagegen, dass dort die schlechtesten Fahrer wohnen. Kein Wunder also, dass es geradezu zu einem Volkssport geworden ist, den Fahrstil des Vordermanns von dessen Herkunftsort abzuleiten. Jemand aus Bamberg (BA) wird dann schnell mal als **B**lutiger **A**nfänger tituliert oder ein Euskirchener (EU) als **E**sel **U**nterwegs beschimpft. Wer aus Neuss (NE) stammt, kann nur über **N**ull **E**rfahrung verfügen, und aus Böblingen (BB) kommen ausschließlich **B**linde **B**auern. Sieht man sich die Beschimpfungen genauer an, stellt man fest, dass Landwirte ihren Kopf verhältnismäßig oft hinhalten müssen. Bauer = dumm ist anscheinend die Formel, auf die alles gebracht werden kann. Man kann nur hoffen, dass Landwirte genug Humor und ein dickes Fell haben. Oder eben über genügend Bauernschläue verfügen, die man ihnen glücklicherweise ebenfalls nachsagt.

Woher dieses »Zeig mir dein Kennzeichen und ich sag dir, wie scheiße du fährst«-Spiel kommt, konnte ich trotz intensiver Recherche nicht eindeutig klären. Nur eines ist sicher: Es existiert so lange, wie es Kennzeichen gibt. Mancher Begriff ist mit der Zeit auch zum geflügelten Wort geworden, wie nicht zuletzt die **G**esengte **S**au aus Goslar (GS) beweist. Dieses Buch versammelt all die Klassiker, die zum Wortschatz eines jeden Autofahrers zählen sollten, aber auch Neuschöpfungen, die mir auf meinen zahlreichen Fahrten zwischen Nordfriesland und dem Oberallgäu in den Sinn gekommen sind. Auch in Österreich und der Schweiz, wo ich so manchen schönen Urlaub – abseits der Autobahn, versteht sich! – verbracht habe, fand ich so manches Bonmot, das es weiterzugeben gilt. Sie alle sollen dabei helfen, dass man dem ungehobelten Klotz, der einem gerade die Vorfahrt genommen hat, die passende Bemerkung mitgeben kann und so den Frust hinterm Steuer ganz schnell und einfach loswird. Und über so manche Erklärung darf – und soll! – gelacht werden. Denn mit Humor lässt sich auf der Straße alles überstehen. Hat man nämlich erst einmal herzhaft gelacht, ist der halbe Ärger schon verflogen.

So sehr ich mich auch bemüht habe, die bekanntesten und gängigsten Bezeichnungen zu sammeln, werden Sie doch in diesem Buch vielleicht die eine oder andere Herleitung finden, die Sie in Ihrem Umkreis anders handhaben. Über entsprechende Hinweise, die ich gern für Nachauflagen berücksichtige, würde ich mich sehr freuen. Außerdem haben Sie die Möglichkeit, eigene Erklärungen einzutragen. Durch die Kennzeichenliberalisierung im Jahr 2012 wurden viele alte, längst abgeschaffte Kennzeichen wieder zugelassen. Aufgrund der Fülle dieser sogenannten Altkennzeichen war es leider nicht möglich, ihre Bedeutungen ebenfalls in diesem Buch zu berücksichtigen, der Vollständigkeit halber finden Sie aber zumindest eine kleine Übersicht am Ende des Buches.

In der Natur von Beschimpfungen liegt es außerdem, dass es nicht immer politisch korrekt zugeht. So werden Fahrer aus dem Hochsauerlandkreis (HSK) gern mal als **H**omo **S**ucht **K**umpel bezeichnet. Als Autor dieses Buches ist es mir wichtig, darauf hinzuweisen, dass die Beschimpfungen nicht meine Meinung widerspiegeln. Gleichzeitig ist es mir aber bei dieser Zusammenstellung auch wichtig gewesen, möglichst alle Bezeichnungen zu dokumentieren, die Eingang in den sogenannten Volksmund gefunden haben. Es geht also um Vollständigkeit und nicht um Beleidigungen.

Mit Wut allein kommt man ohnehin nicht weit. Erst recht nicht auf der Straße. Doch mit Humor kommt man ans Ziel. Wenn Sie also beim Lesen genau so viel Spaß haben wie ich beim Sammeln und Schreiben des Buches, dann habe ich mein Ziel erreicht.

Eine allzeit gute und vor allem stressfreie Fahrt wünscht

Werner Breem

DEUTSCHLAND

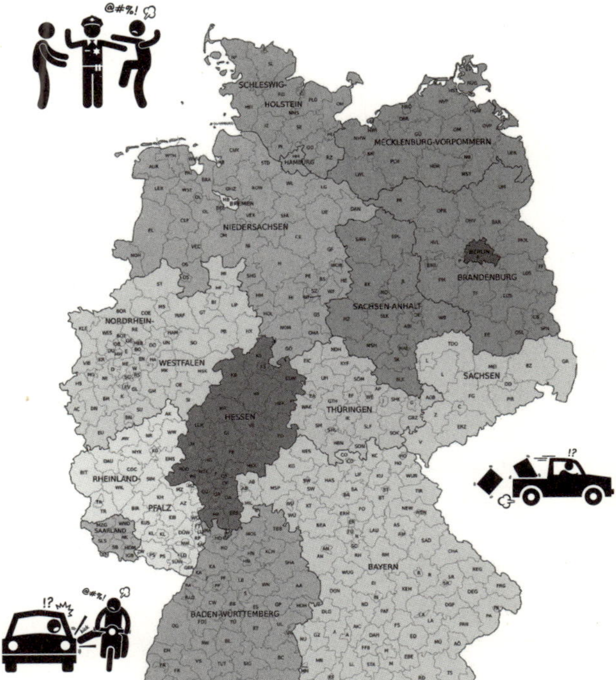

A

A

Stadt/Landkreis Augsburg, Bayern

ANFÄNGER

ANWANZER

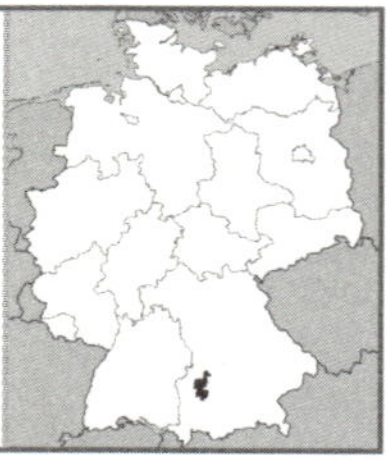

AA

Ostalbkreis, Baden-Württemberg

ALLES **A**RSCHLÖCHER

AB

Stadt/Landkreis Aschaffenburg, Bayern

ARMES **B**AYERN

AUFFAHRENDER **B**LÖDIAN

ABG

Landkreis Altenburger Land, Thüringen

ACHT **B**IER **G**ETRUNKEN

ARSCH **B**RENNT **G**EWALTIG

____

ABI

Landkreis Anhalt-Bitterfeld, Sachsen-Anhalt

ALS **B**ANAUSE **I**DENTIFIZIERT

____

AC

Städteregion Aachen, Nordrhein-Westfalen

ARME **C**HAOTEN

AUF **C**RASHKURS

____

A

AIC

Landkreis Aichach-Friedberg, Bayern

ARSCH **I**M **C**OCKPIT

AK

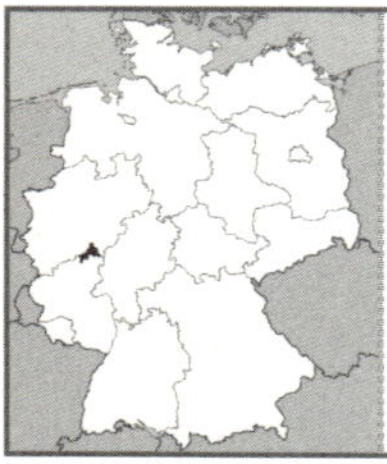

Landkreis Altenkirchen (Westerwald), Rheinland-Pfalz

AFFEN**K**UTSCHE

AUTOMATIK **K**LEMMT

AM

Stadt Amberg, Bayern

ANSTEIGENDE **M**ÜDIGKEIT

AN

Stadt/Landkreis Ansbach, Bayern

ANGENEHME **N**ACHTRUHE

ARGE **N**ÖTIGUNG

____

AÖ

Landkreis Altötting, Bayern

AUSGEWANDERTER **Ö**STERREICHER

____

AP

Landkreis Weimarer Land (Apolda), Thüringen

ACHT **P**ROMILLE

ASOZIALER **P**EDALTRETER

____

A

AS

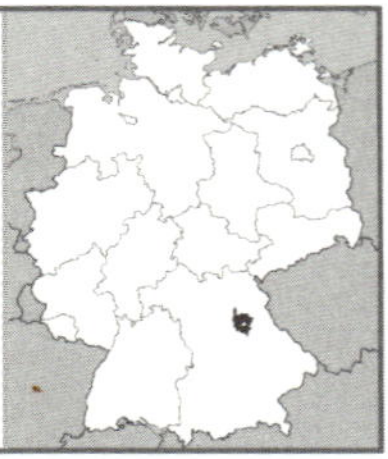

Landkreis Amberg-Sulzbach, Bayern

ACHTUNG **S**TAUVERURSACHER

AUR

Landkreis Aurich, Niedersachsen

ALLES **U**NSINNIGE **R**ASER

AW

Landkreis Ahrweiler, Rheinland-Pfalz

ARMER **W**ICHT

ARMES **W**ÜRSTCHEN

AZ

Landkreis Alzey-Worms, Rheinland-Pfalz

AGGRESSIVE **Z**ICKE

AUTONOMES **Z**ENTRUM

____

B

B

Stadt Berlin, Berlin

BEULENSAMMLER

BLIND

____

B

BA

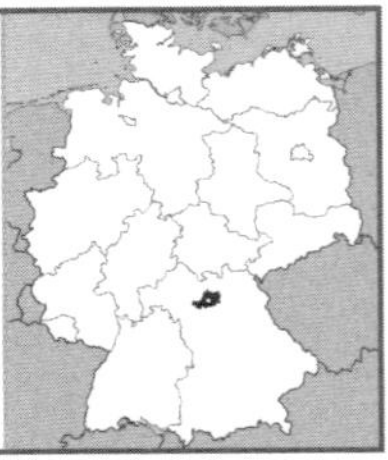

Landkreis Bamberg, Bayern

BESONDERS **A**NGRIFFSLUSTIG

BLUTIGER **A**NFÄNGER

____

BAD

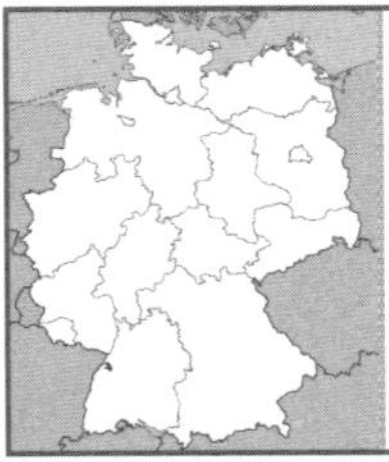

Stadt Baden-Baden, Baden-Württemberg

BIN **A**UF **D**ROGE

____

BAR

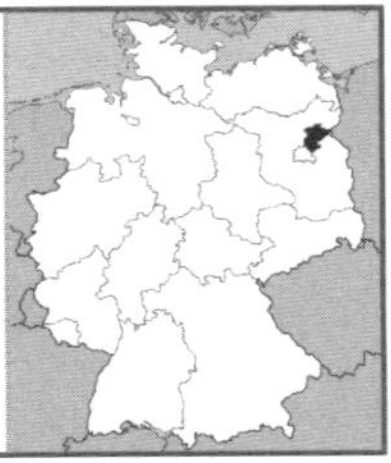

Landkreis Barnim, Brandenburg

BAUER **A**UF **R**EISEN

BERLINS **A**SOZIALER **R**ANDBEZIRK

____

BB

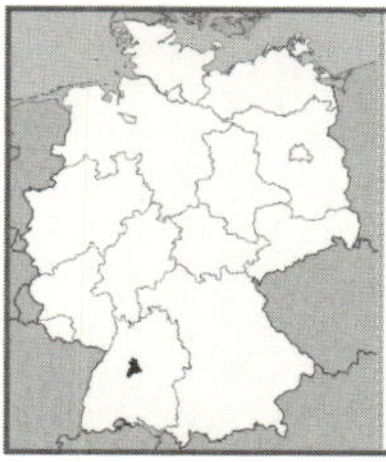

Landkreis Böblingen, Baden-Württemberg

BETABLOCKER **B**ENUTZT

BLINDER **B**AUER

BBL

Brandenburg

BIN **B**RUTAL **L**AHMARSCHIG

BITTE **B**REMSE **L**ÖSEN

BC

Landkreis Biberach, Baden-Württemberg

BAYRISCH **C**ONGO

BISSCHEN **C**HILLIG

B

BD

Deutscher Bundestag, Bundesrat, Bundespräsidialamt, Bundesregierung, Bundesministerien, Bundesfinanzverwaltung und Bundesverfassungsgericht

BEREIFTER **D**EPP

BGL

Landkreis Berchtesgadener Land, Bayern

BAYERNS **G**EFÄHRLICHSTER **L**ANDSTRICH

BAYRISCHE **G**EBIRGS**L**USCHEN

BI

Stadt Bielefeld, Nordrhein-Westfalen

BEDEUTUNGSLOSER **I**GNORANT

BESOFFENER **I**NSASSE

BIR

Landkreis Birkenfeld, Rheinland-Pfalz

BAUER **I**M **R**AUSCH

BESCHÄDIGT **I**HRE **R**ÜCKFRONT

____

BIT

Eifelkreis Bitburg-Prüm, Rheinland Pfalz

BAUER **I**M **T**ARNANZUG

____

BK

Landkreis Börde, Sachsen-Anhalt

BESOFFENER **K**RAFTFAHRER

BILLY **K**ARACHO

____

B

BL

Zollernalbkreis (Balingen), Baden-Württemberg

BRUDER **L**AHMARSCH

BLK

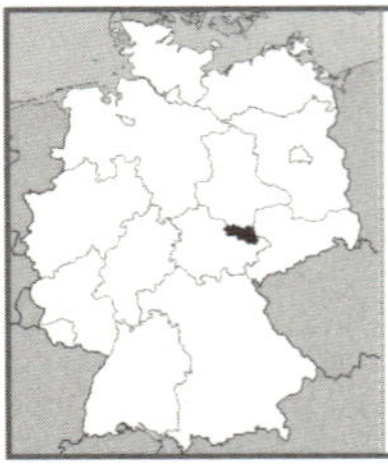

Burgenlandkreis, Sachsen-Anhalt

BLINDER **L**ENKT **K**ARRE

BM

Rhein-Erft-Kreis (Bergheim), Nordrhein-Westfalen

BEREIFTER **M**ÖRDER

BN

Stadt Bonn, Nordrhein-Westfalen

BERLINER **N**EBENSTELLE

BRINGT'S **N**ICHT

____

BO

Stadt Bochum, Nordrhein-Westfalen

BEKLOPPTER **O**CHSE

BELÜGT **O**RDNUNGSHÜTER

____

BOR

Kreis Borken, Nordrhein-Westfalen

BACHELOR **OF** **R**UHEPAUSE

BAUER **O**HNE **R**ÜCKSICHT

____

B

BOT

Stadt Bottrop, Nordrhein-Westfalen

BAUER **O**HNE **T**RECKER

BENEBELT **O**N **T**OUR

BP

Bundespolizei

BETRUNKENER **P**AUSENCLOWN

BUNDES**P**ÖBEL

BRA

Landkreis Wesermarsch (Brake), Niedersachsen

BAUER **R**ECHTS **AB**

BUMST **R**ICHTIG **AN**

BRB

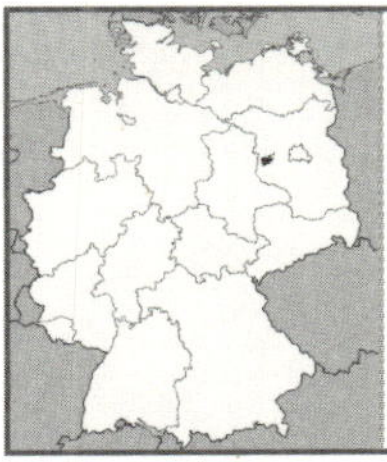

Stadt Brandenburg an der Havel, Brandenburg

BLIND **R**ASENDER **B**LÖDMANN

____

BS

Stadt Braunschweig, Niedersachsen

BLECH**S**CHADEN

BESENGTE **S**AU

____

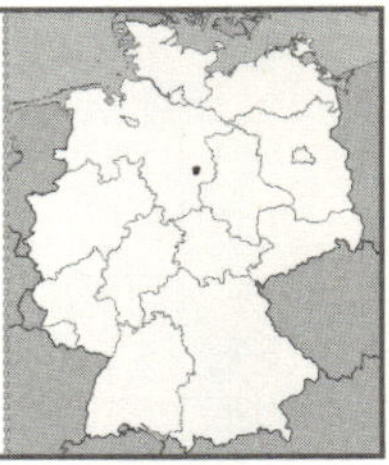

BT

Landkreis Bayreuth, Bayern

BETÄUBUNGSMITTEL**T**ESTER

BLÖDER **T**ROTTEL

____

B

BÜS

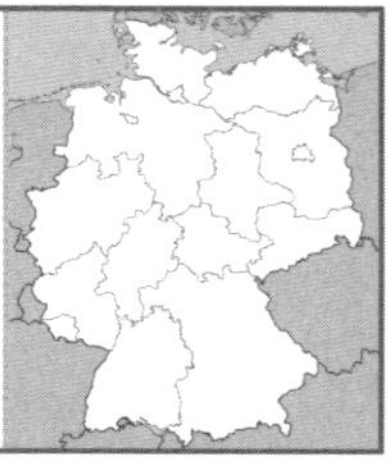

Gemeinde Büsingen am Hochrhein, Baden-Württemberg

BETREIBT **Ü**BLE **S**PIELCHEN

BIN **Ü**BER **S**IEBZIG

____

BWL

Baden-Württemberg, Landesregierung

BADENS **W**ILDESTE **L**USCHE

____

BYL

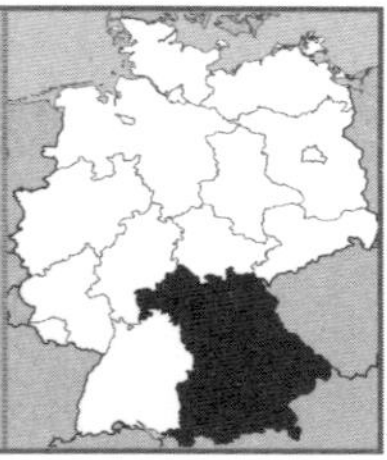

Bayern, Landesregierung

BAYERISCHE **Y**UPPIE-**L**ANDSKÖPFE

BLÖDE **Y**ANKEE-**L**USCHE

____

BZ

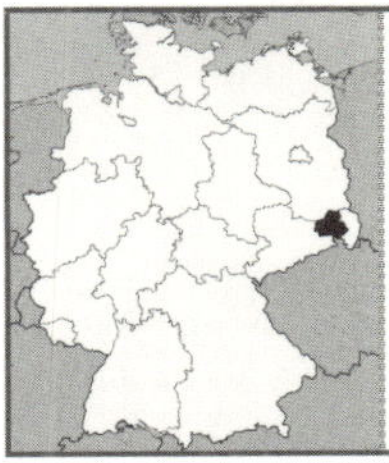

Landkreis Bautzen, Sachsen

BESCHÄDIGT **Z**ÄUNE

BEZIRKS**Z**AUSEL

____

C

C

Stadt Chemnitz, Sachsen

CHAOTEN

CHROMKRATZER

____

C

CB

Stadt Cottbus, Brandenburg

CABRIO-**B**OXER

CE

Landkreis Celle, Niedersachsen

CHAUFFEUR **E**RBLINDET

CREW **E**INGEPENNT

CHA

Landkreis Cham, Bayern

CIAO **H**IRNLOSER **A**MIGO

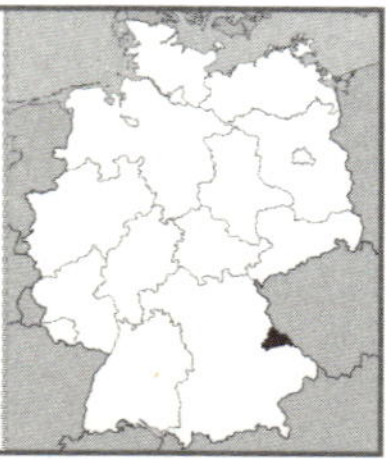

CLP

Landkreis Cloppenburg, Niedersachsen

CHARAKTER**L**OSER **P**ERVERSER

CHRISTLICHES **L**UMPEN**P**ACK

____

CO

Stadt/Landkreis Coburg, Bayern

CHEESE & **O**NION

CHOLERIKER **O**N-ROAD

____

COC

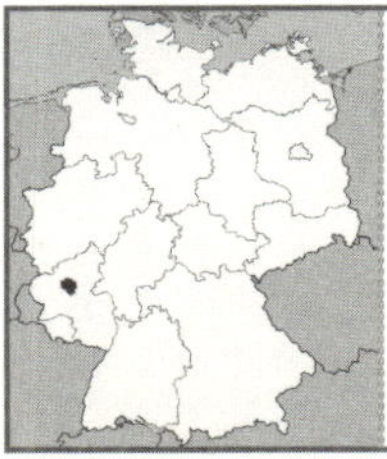

Landkreis Cochem-Zell, Rheinland-Pfalz

CAPTAIN **O**F **C**RIME

____

C

COE

Kreis Coesfeld, Nordrhein-Westfalen

CHAOT **O**HNE **E**INSICHT

COME **O**N, **E**LENDER

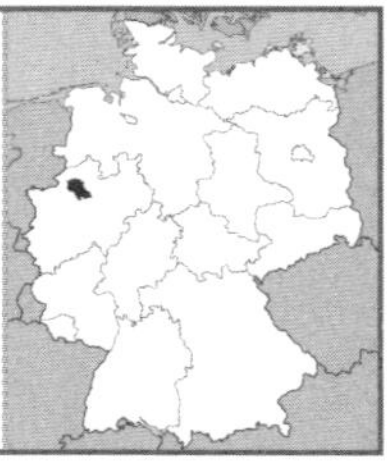

CUX

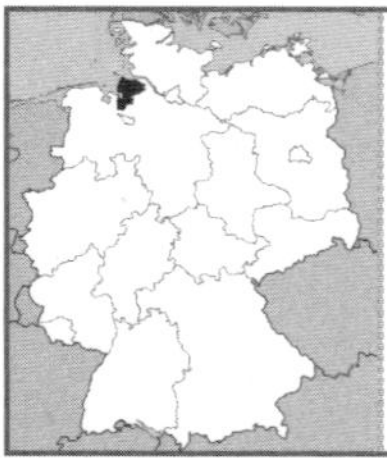

Landkreis Cuxhaven, Niedersachsen

CAR **U**SER **X**TREME

CW

Landkreis Calw, Baden-Württemberg

CALWER **W**ILDSAU

CHRONISCHER **W**AHNSINN

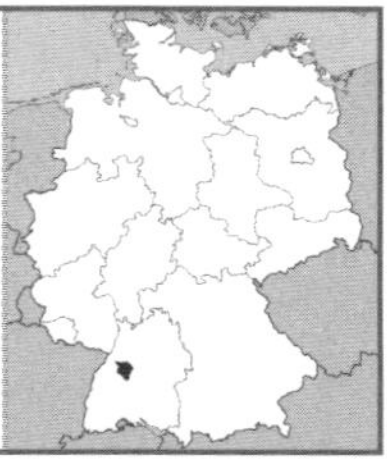

D

D

Stadt Düsseldorf, Nordrhein-Westfalen

DELLENSUCHER

DOOF

____

DA

Stadt Darmstadt/Landkreis Darmstadt-Dieburg, Hessen

DÄMLICHER **A**NFÄNGER

DUMMER **A**NGEBER

____

D

DAH

Landkreis Dachau, Bayern

DAUERND **A**M **H**ANDY

DRÄNGELN **A**UFFAHREN **H**UPEN

DAN

Landkreis Lüchow-Dannenberg, Niedersachsen

DIE **A**NGST **N**IEDERSACHSENS

DIE **A**RMEN **N**ACHBARN

DAU

Landkreis Vulkaneifel (Daun), Rheinland-Pfalz

DÜMMSTER **A**NZUNEHMENDER **U**SER

DUMMER **A**UTOFAHRER **U**NTERWEGS

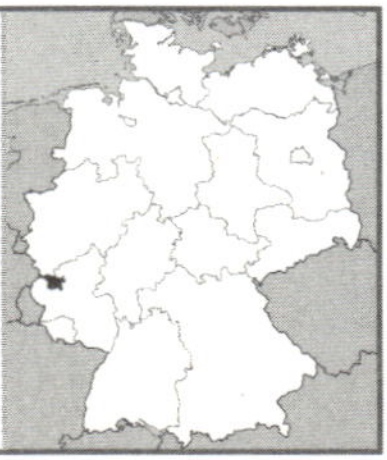

DD

Stadt Dresden, Sachsen

DOPPEL**D**OOF

____

DE

Stadt Dessau-Roßlau, Sachsen-Anhalt

DÄMLICHER **E**SEL

____

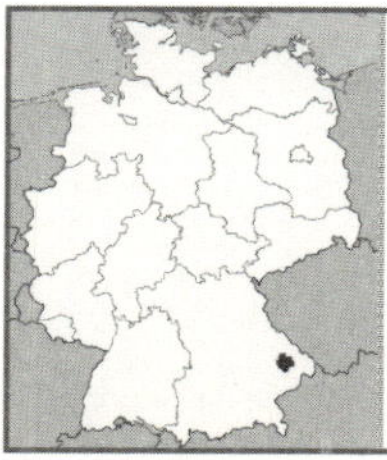

DEG

Landkreis Deggendorf, Bayern

DUCKMÄUSER **E**RSTER **G**ÜTE

____

D

DEL

Stadt Delmenhorst, Niedersachsen

DAUERT **E**TWAS **L**ÄNGER

DEUTSCHLANDS **E**LENDE **L**OOSER

____

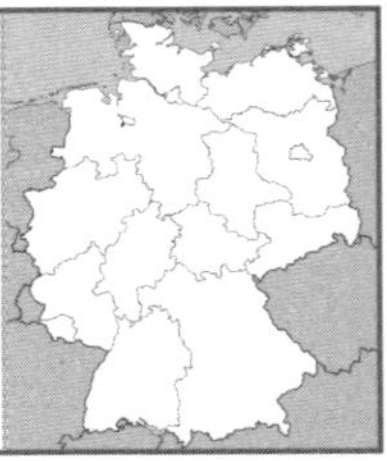

DGF

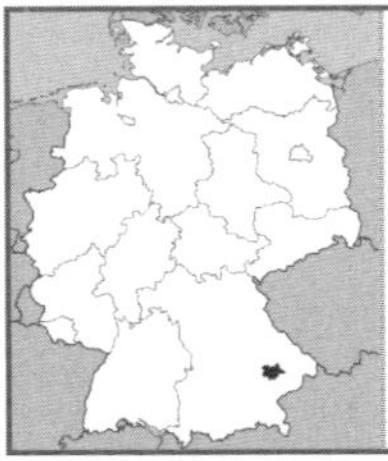

Landkreis Dingolfing-Landau, Bayern

DAFÜR **G**IBT'S **F**AHRVERBOT

DAS **G**EHIRN **F**EHLT

____

DH

Landkreis Diepholz, Niedersachsen

DEPPEN**H**AUSEN

DICKE **H**OSE

DUMMER **H**UND

____

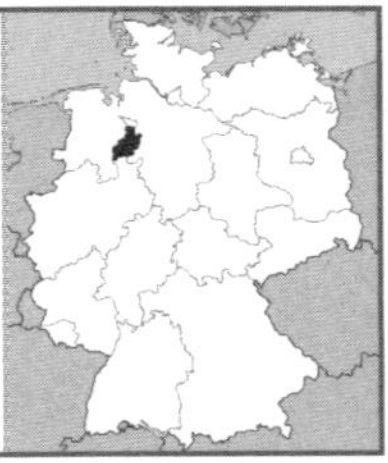

DLG

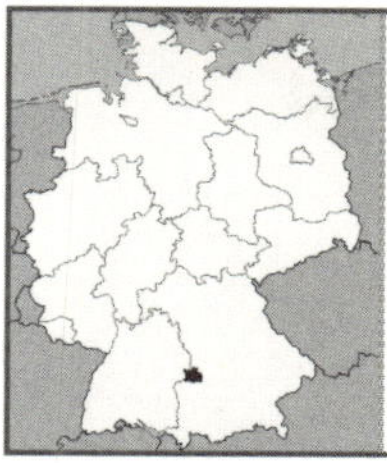

Landkreis Dillingen an der Donau, Bayern

DELIRIUM **L**ÄSST **G**RÜSSEN,

DIE **L**ETZTE **G**EGEND

DROHENDE **L**EBENS**G**EFAHR

____

DN

Kreis Düren, Nordrhein-Westfalen

DOOFE **N**USS

DÜNNES **N**ERVENKOSTÜM

____

DO

Stadt Dortmund, Nordrhein-Westfalen

DOOFER **O**CHSE

DRÖGES **O**PFER

____

D

DON

Landkreis Donau-Ries (Donauwörth), Bayern

DEUTSCHLANDS
OBERSTER **N**ORDEN

____

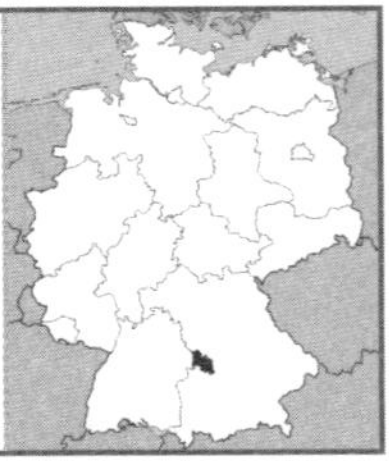

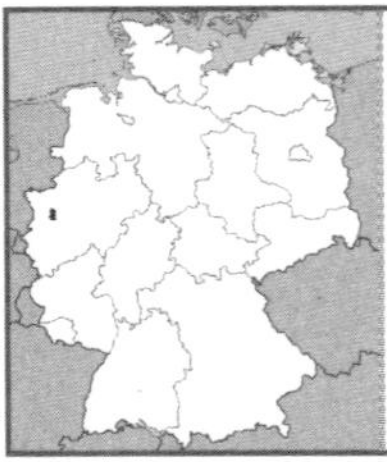

DU

Stadt Duisburg, Nordrhein-Westfalen

DEFENSIVER **U**NFUG

DOOFMANN **U**NTERWEGS

____

DÜW

Landkreis Bad Dürkheim, Rheinland-Pfalz

DOOFE **Ü**BEN **W**IEDER

____

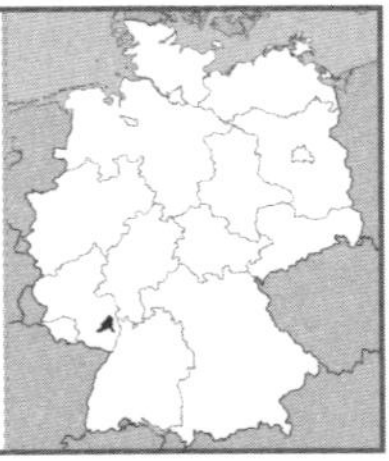

E

E

Stadt Essen, Nordrhein-Westfalen

EKELPAKET

EŞEK *(= ESEL AUF TÜRKISCH)*

____

EA

Stadt Eisenach, Thüringen

EIGENARTIGE **A**NGEWOHNHEITEN

EILIGER **A**MATEUR

____

E

EBE

Landkreis Ebersberg, Bayern

ESEL **B**LEIBT **E**SEL

____

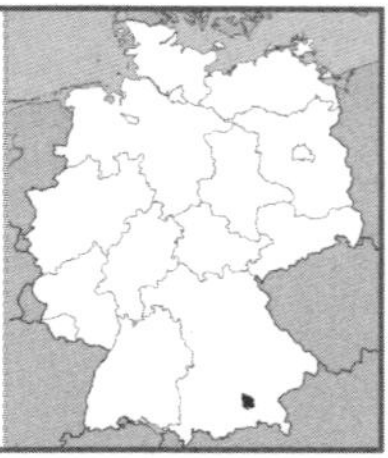

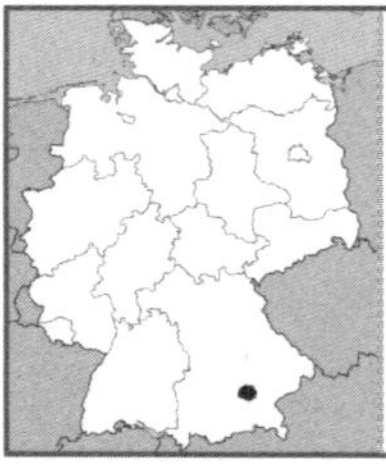

ED

Landkreis Erding, Bayern

ECHT **D**OOF

EINGETRETENE **D**EMENZ

ENTSPRUNGENER **D**EPP

____

EE

Landkreis Elbe-Elster, Brandenburg

EMIGRIERTER **E**INFALTSPINSEL

ERSATZ-**E**UNUCH

____

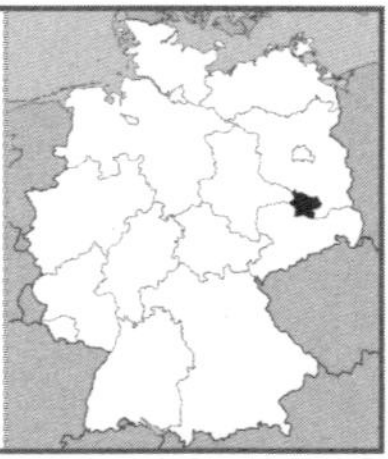

EF

Stadt Erfurt, Thüringen

EIGENTÜMLICHES **F**AHRVERHALTEN

ENERGISCHE **F**LUCHT

____

EI

Landkreis Eichstätt, Bayern

EINFACH **I**NDISKUTABEL

ERHEBLICHER **I**NTELLIGENZVERLUST

____

EIC

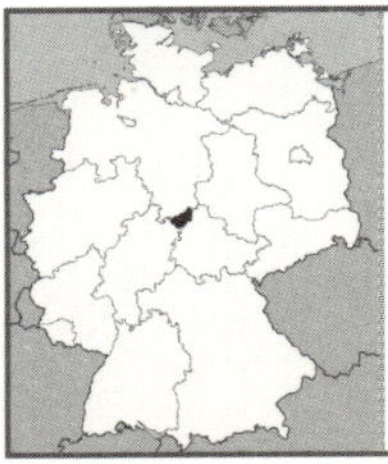

Landkreis Eichsfeld, Thüringen

EIN **I**RRER **C**HRIST

____

E

EL

Landkreis Emsland, Niedersachsen

ENTWICKLUNGSLAND

EVOLUTIONSLOOSER

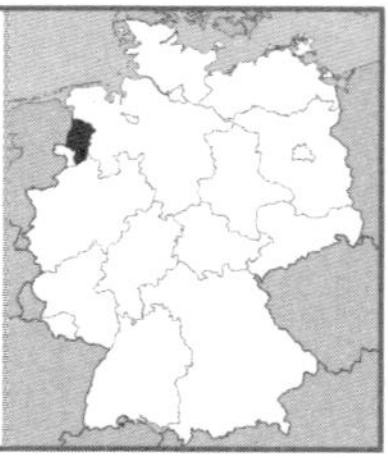

EM

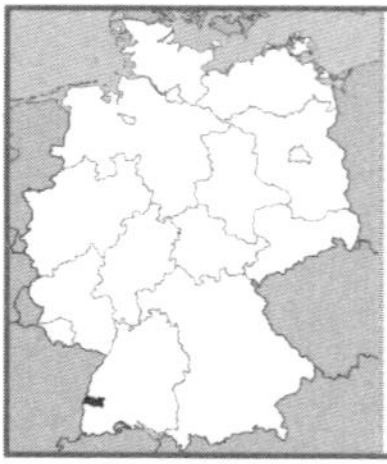

Landkreis Emmendingen, Baden-Württemberg

ERNIEDRIGTE MINDERHEIT

EWIG MESCHUGGE

EMD

Stadt Emden, Niedersachsen

ECHT MIESE DEUTSCHE

ERTRÄGT'S MIT DEMUT

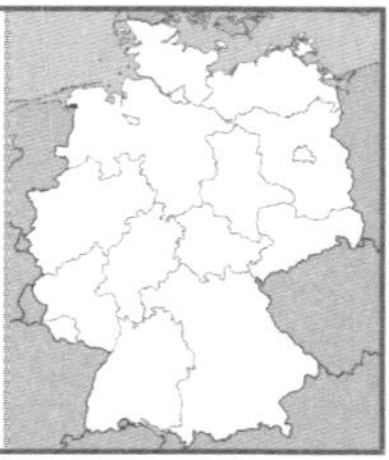

EMS

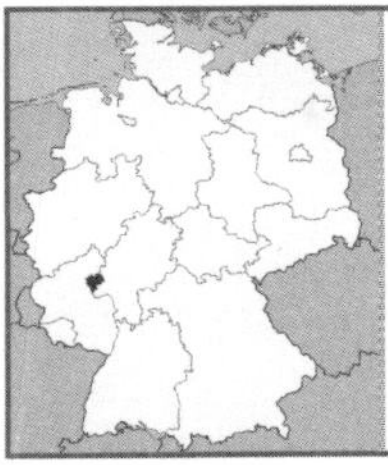

Rhein-Lahn-Kreis (Bad Ems), Rheinland-Pfalz

EHER **M**ÄSSIG **S**CHLAU

____

EN

Ennepe-Ruhr-Kreis, Nordrhein-Westfalen

EINDEUTIG **N**ÖTIGUNG

EUROPAS **N**ARREN

____

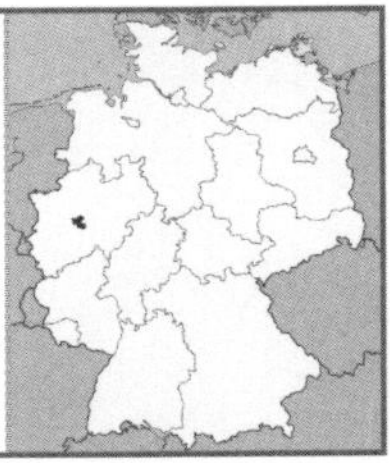

ER

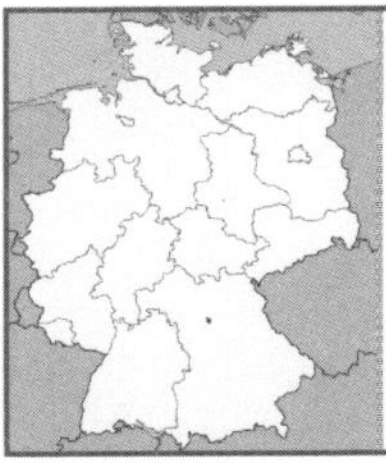

Stadt Erlangen, Bayern

EIFRIGER **R**ANDALIERER

____

E

ERB

Odenwaldkreis (Erbach), Hessen

ERBARMEN,

ERFOLG **R**ECHT **B**ESCHEIDEN,

EUROPAS **R**UPPIGSTE **B**ANAUSEN

____

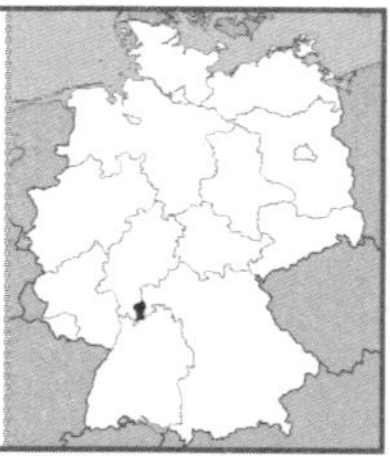

ERH

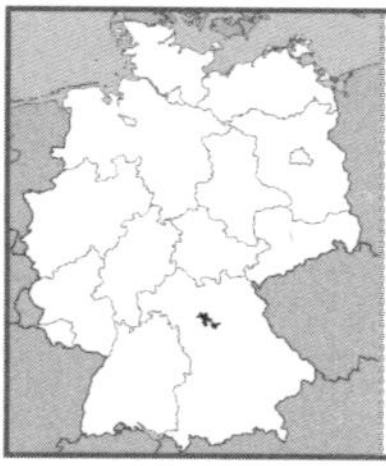

Landkreis Erlangen-Höchstadt, Bayern

ERLANGEN **H**INTERLAND

____

ERZ

Erzgebirgskreis, Sachsen

EHEMALS **R**USSISCHE **Z**ONE

EINFALLSLOSES **R**UCK**Z**UCK

____

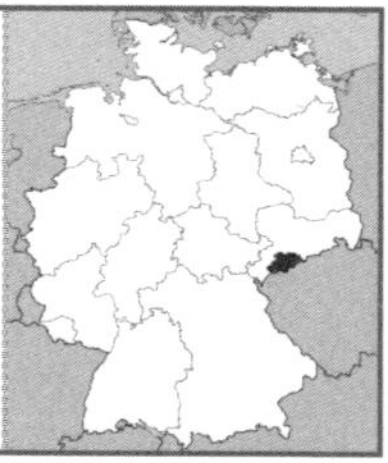

ES

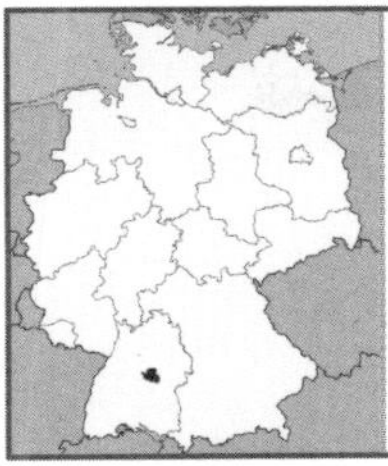

Landkreis Esslingen, Baden-Würtemberg

EINBAHNSTRASSEN-**S**CHRECK

ENTFLOHENER **S**CHWABE

____

ESW

Werra-Meißner-Kreis (Eschwege), Hessen

ENDSTADIUM **S**CHWERSTEN **W**AHNSINNS,

ESEL **S**UCHT **W**EG

____

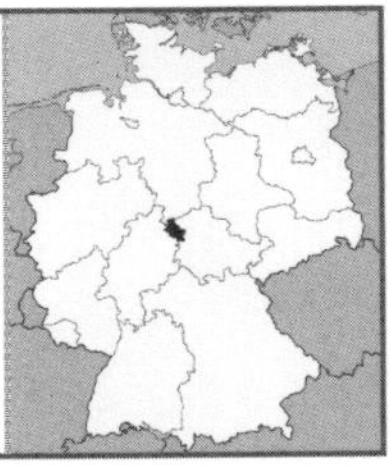

EU

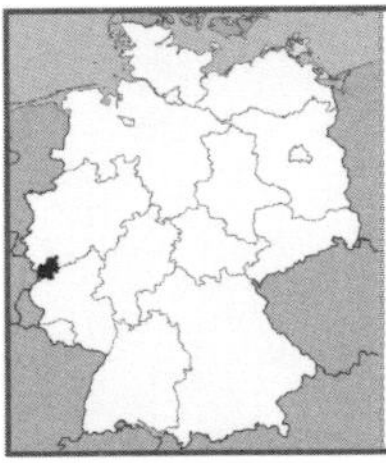

Kreis Euskirchen, Nordrhein-Westfalen

ESEL **U**NTERWEGS

EXTREM **U**NFÄHIG

____

F

F

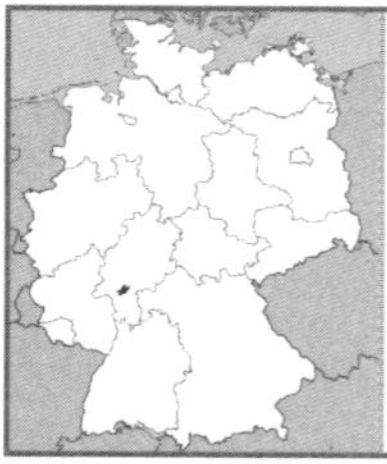

Stadt Frankfurt am Main, Hessen

FARBENBLIND

FLITZPIEPE

____

FB

Wetteraukreis (Friedberg), Hessen

FAULTIER-**B**EHÄLTER

FRANKFURTER **B**AUER

____

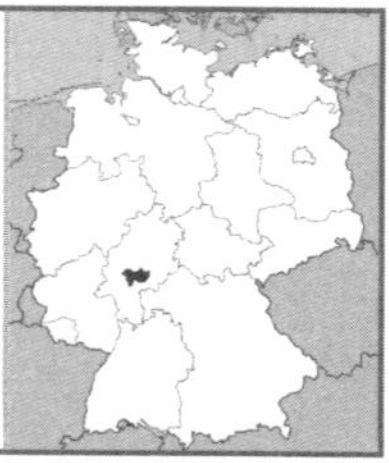

FD

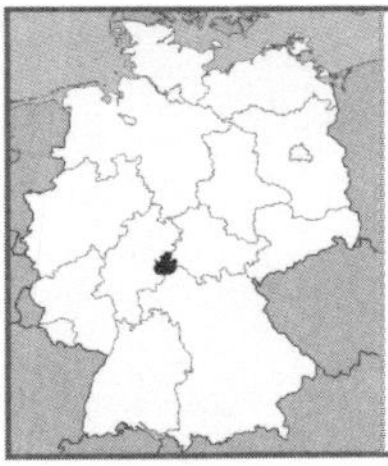

Landkreis Fulda, Hessen

FAHRER **D**ÖST

FREIWILLIGER **D**ORFTROTTEL

____

FDS

Landkreis Freudenstadt, Baden-Württemberg

FAHR, **D**U **S**EGGL!

FÜHRERSCHEIN **D**URCH **S**CHMIERGELD

____

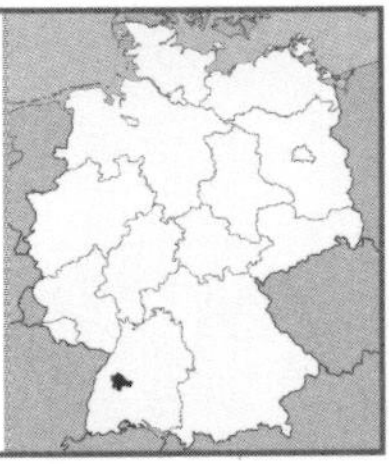

FF

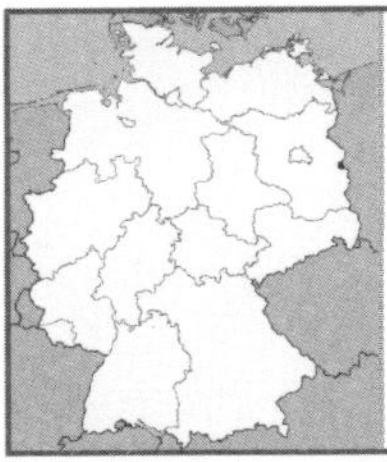

Stadt Frankfurt (Oder), Brandenburg

FAHRE **F**REIHÄNDIG

FALSCHER **F**UFFZIGER

____

F

FFB

Landkreis Fürstenfeldbruck, Bayern

FAHRER **F**ÄHRT **B**LÖD

FÜR **F**EHLVERHALTEN **B**EKANNT

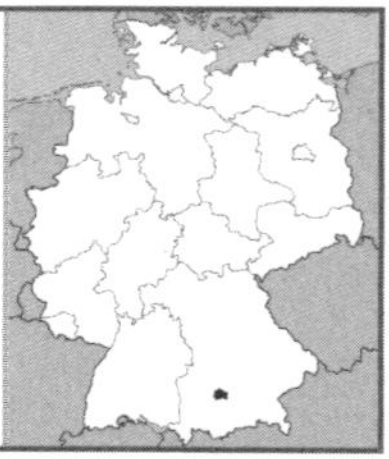

FG

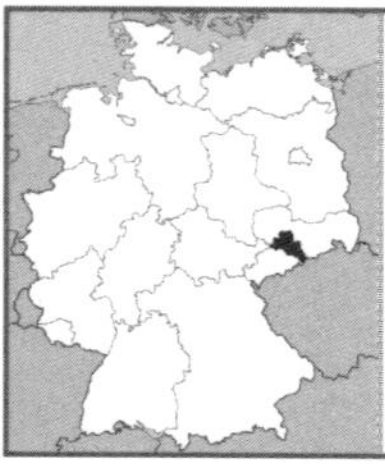

Landkreis Mittelsachsen (Freiberg), Sachsen

FAHRENDES **G**ROSSMAUL

FL

Stadt Flensburg, Schleswig-Holstein

FLASCHE **L**EER

FLIEGENDE **L**ATRINE

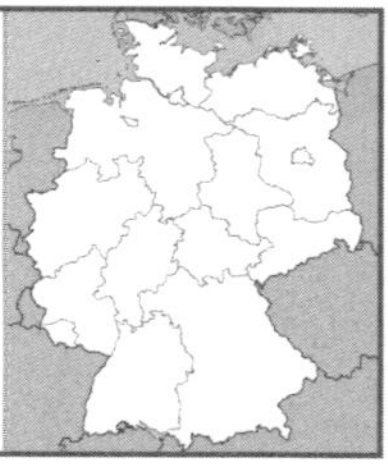

FN

Bodenseekreis (Friedrichshafen), Baden-Württemberg

FAHRENDE **N**IETE

FÜHRERSCHEIN **N**EBENSACHE

____

FO

Landkreis Forchheim, Bayern

FAKTISCH **O**RIENTIERUNGSLOS

FEI **O**BACHT

____

FR

Stadt Freiburg im Breisgau/Landkreis Breisgau-Hochschwarzwald, Baden-Württemberg

FAHRENDER **R**OLLSTUHL

FOLTERT **R**EISENDE

____

F

FRG

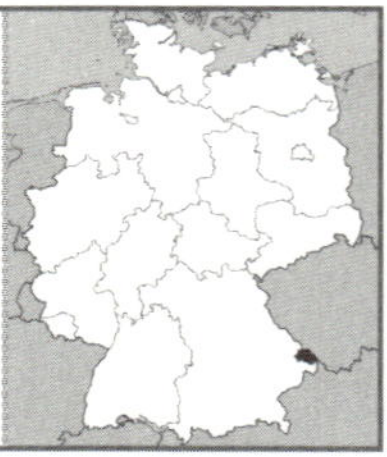

Landkreis Freyung-Grafenau, Bayern

FAHREN **R**EINE **G**LÜCKSSACHE

FAHRSTIL **R**EICHLICH
GEWÖHNUNGSBEDÜRFTIG

____

FRI

Landkreis Friesland, Niedersachsen

FÄHRT **R**ICHTIG **I**DIOTISCH

FÜNFZIG **R**EICHEN **I**MMER

____

FS

Landkreis Freising, Bayern

FAHR**S**CHULE

FÄHRT **S**CHEISSE

FULL **S**TONED

____

FT

Stadt Frankenthal (Pfalz), Rheinland-Pfalz

FAULE **T**RINE

FIESE **T**RICKS

FLÜCHTENDER **T**ORFKOPP

Fü

Stadt/Landkreis Fürth, Bayern

FAHRER **Ü**BT

FLEGEL **Ü**BERHOLT

G

G

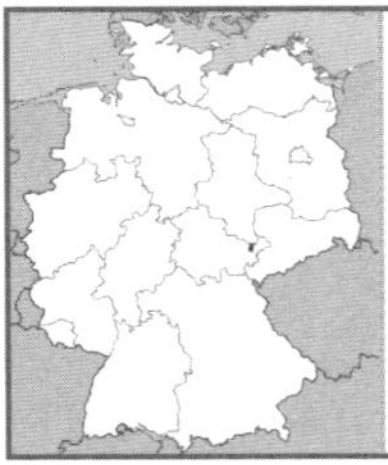

Stadt Gera, Thüringen

GEDULDPRÜFER

GROBMOTORIKER

_ _ _ _ _ _ _ _ _ _ _ _ _ _ _ _ _ _ _

GAP

Landkreis Garmisch-Partenkirchen, Bayern

GÄNGELT **A**NDERE **P**ERMANENT

GRÖSSTER **A**NZUNEHMENDER **P**ENNER

_ _ _ _ _ _ _ _ _ _ _ _ _ _ _ _ _ _ _

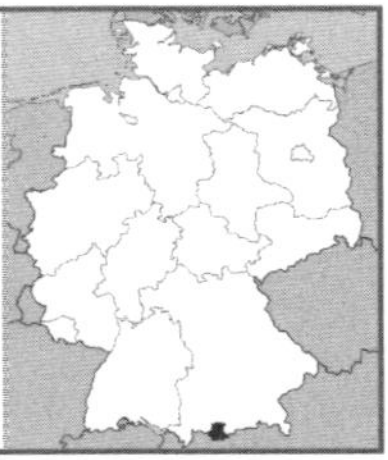

GE

Stadt Gelsenkirchen, Nordrhein-Westfalen

GEHÖRT **E**NTSORGT

GROSSER **E**SEL

____

GER

Landkreis Germersheim, Rheinland-Pfalz

GAUNER **E**INBRECHER **R**ÄUBER

____

GF

Landkreis Gifhorn, Niedersachsen

GEISTER**F**AHRER

GELIEHENER **F**ÜHRERSCHEIN

GEN**F**EHLER

____

G

GG

Kreis Groß-Gerau, Hessen

GIB **G**UMMI!

GROSSER **G**AUNER

____

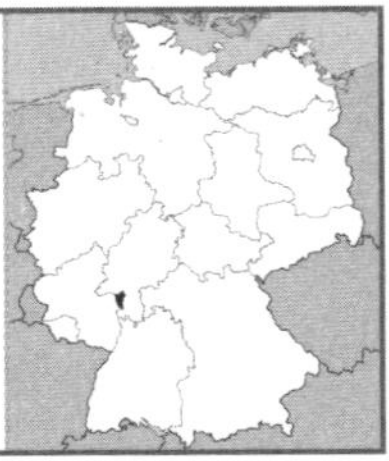

GI

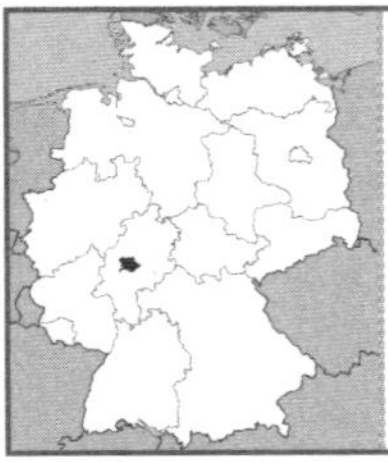

Landkreis Gießen, Hessen

GARSTIGER **I**RRER

____

GL

Rheinisch-Bergischer Kreis (Bergisch Gladbach),
Nordrhein-Westfalen

GANZ **L**ANGSAM

GESETZ**L**OSE

____

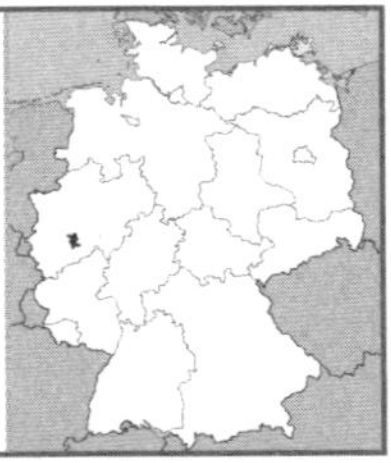

GM

Oberbergischer Kreis (Gummersbach), Nordrhein-Westfalen

GROSSER **M**IST

GRUNDWISSEN **M**ANGELHAFT

____

GÖ

Stadt/Landkreis Göttingen, Niedersachsen

GNADENLOS **Ö**DE

____

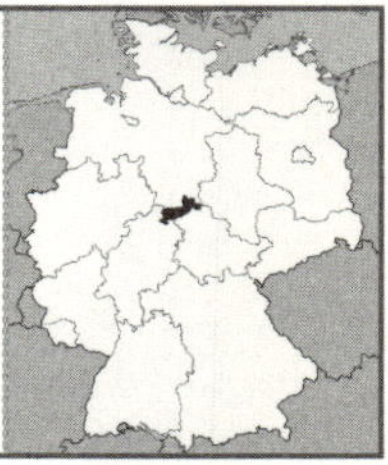

GP

Landkreis Göppingen, Baden-Württemberg

GASFUSS **P**ERVERS

GRAUER **P**ANTHER

____

G

GR

Landkreis Görlitz, Sachsen

GAMMELIGER **R**ÜPEL

GEFLOHENER **R**OWDY,

GNADENLOSER **R**ASER

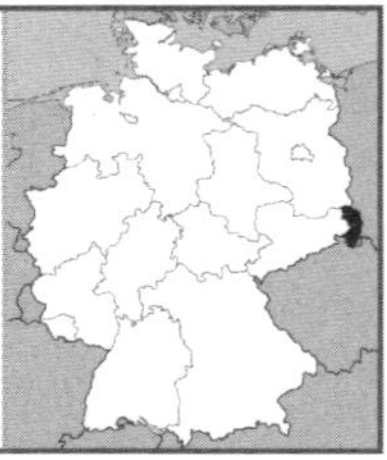

GRZ

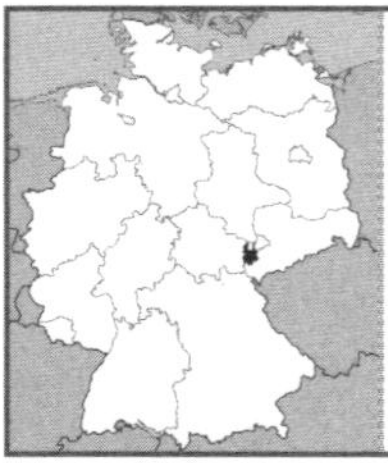

Landkreis Greiz, Thüringen

GEHIRN**R**EDUZIERTE **Z**ONE

GS

Landkreis Goslar, Niedersachsen

GALEEREN**S**KLAVE

GESENGTE **S**AU

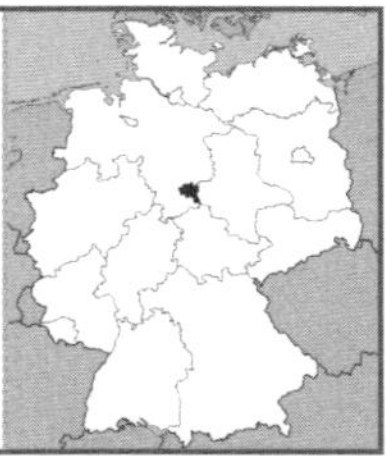

GT

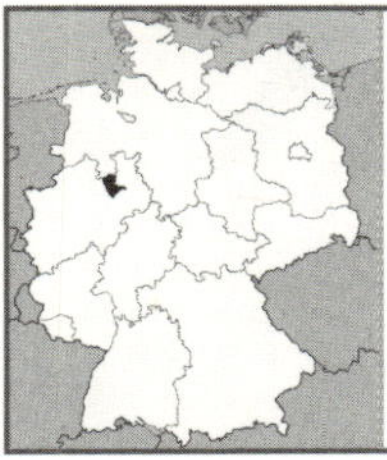

Kreis Gütersloh, Nordrhein-Westfalen

GEHIRN**T**OT

____

GTH

Landkreis Gotha, Thüringen

GANZ **T**OLLE **H**ANDBREMSE

GOCKEL **T**OUCHIERT **H**ECK

____

GZ

Landkreis Günzburg, Bayern

GEFÜHLT **Z**WANZIG

GEHETZTER **Z**AHNSTOCHER

____

H

H

Region Hannover, Niedersachsen

HALBINTELLIGENZLER

HANDBREMSENVERWEIGERER

____

HA

Stadt Hagen, Nordrhein-Westfalen

HAFTUNG **A**USGESCHLOSSEN

HIBBELIGE **A**RSCHMADE

HIRNLOSE **A**FFEN

____

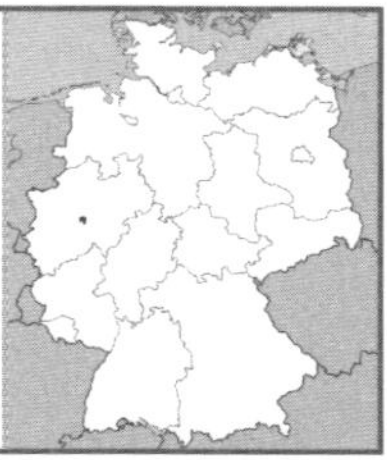

HAL

Stadt Halle (Saale), Sachsen-Anhalt

HELD **A**LLER **L**ANGSAMEN

HIRNAMPUTIERTER **A**M **L**ENKRAD

____

HAM

Stadt Hamm, Nordrhein-Westfalen

HEUTE **A**USNAHMSWEISE **M**OTORISIERT

HINTERLISTIGE **A**UTOBAHN**M**AFIA

____

HAS

Landkreis Haßberge (Haßfurt), Bayern

HENKER **A**UF **S**TRASSEN

____

H

HB

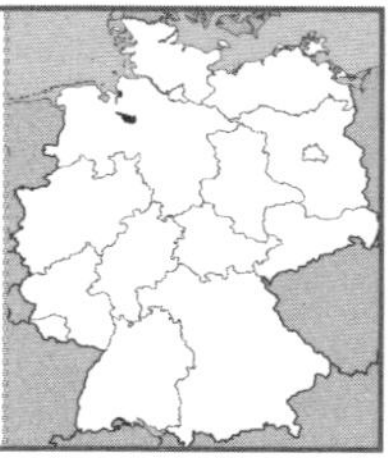

Hansestadt Bremen/Stadt Bremerhaven, Bremen

HEIN **B**LÖD

HEUTE **B**ETRUNKEN

HBN

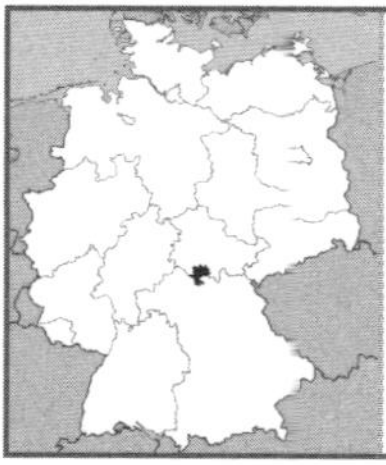

Landkreis Hildburghausen, Thüringen

HABENICHTS

HIRNAMPUTIERTER **B**LICKT'S **N**ICHT

HONECKERS **B**LÖDE **N**ACHKOMMEN

HD

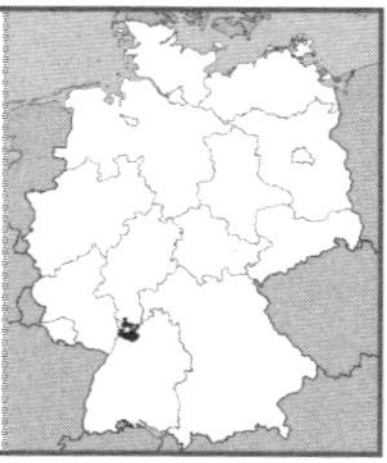

Stadt Heidelberg/Rhein-Neckar-Kreis, Baden-Württemberg

HENKERS **D**IENSTWAGEN

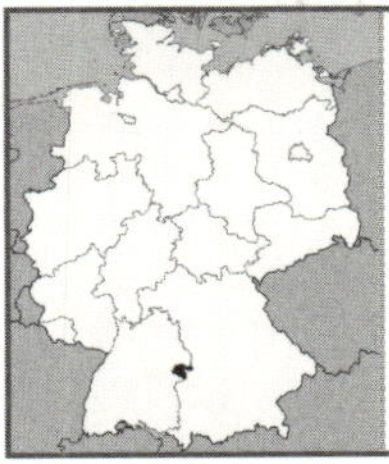

HDH

Landkreis Heidenheim, Baden-Württemberg

HUMPELT **D**OOF **H**ERUM

____

HE

Landkreis Helmstedt, Niedersachsen

HÄUFLEIN **E**LEND

HIESIGER **E**SEL

____

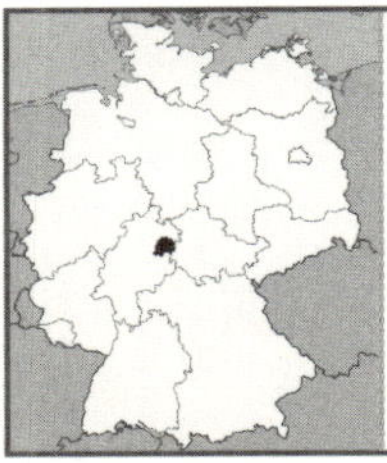

HEF

Landkreis Hersfeld-Rotenburg, Hessen

HENKERS **E**IGENES **F**AHRZEUG

HURRA, **E**R **F**ÄHRT!

____

H

HEI

Kreis Dithmarschen (Heide), Schleswig-Holstein

HILFE, **E**IN **I**RRER!

____

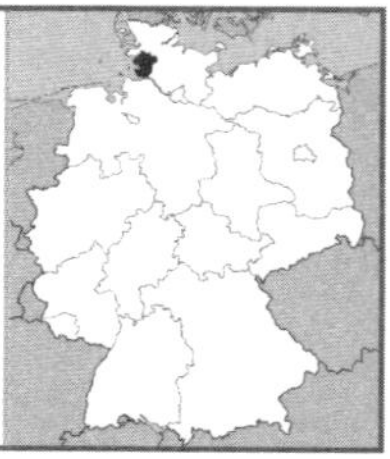

HEL

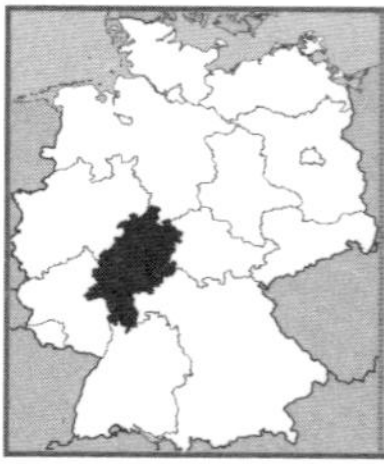

Hessen, Landesregierung

HAB'S **E**ILIG, **L**EUTE

____

HER

Stadt Herne, Nordrhein-Westfalen

HOCKT **E**RGEBNISLOS **R**UM

____

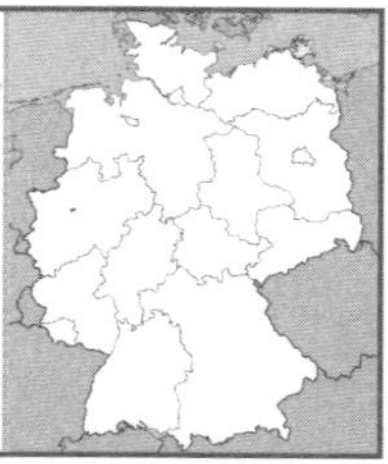

HF

Kreis Herford, Nordrhein-Westfalen

HEISSE **F**RACHT

HÖCHST **F**AHRLÄSSIG

____

HG

Hochtaunuskreis (Bad Homburg), Hessen

HEIMLICH **G**ERAUCHT

HÖCHSTE **G**EFAHR

____

HGW

Hansestadt Greifswald, Mecklenburg-Vorpommern

HALBES **G**EHIRN **W**EG

HEIMLICH **G**EKLAUTER **W**AGEN

____

H

HH

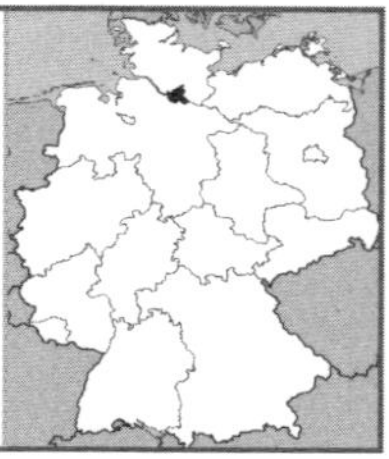

Freie und Hansestadt Hamburg, Hamburg

HALBSTARKER **H**YSTERIKER

HANSEATISCHE **H**OFNARREN

HI

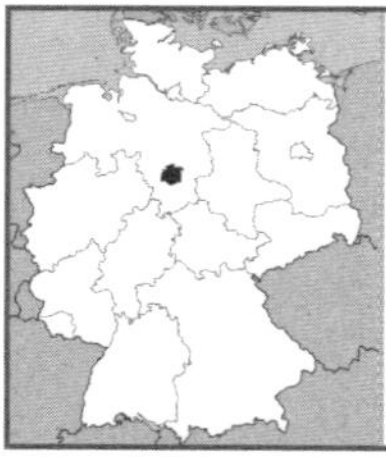

Landkreis Hildesheim, Niedersachsen

HALB**I**DIOT

HK

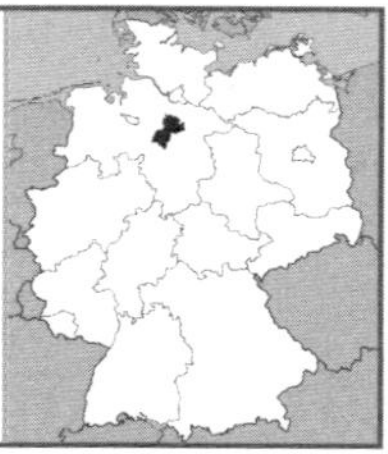

Landkreis Heidekreis, Niedersachsen

HOCHDEBILER **K**RETIN

HOHL**K**ÖPFE

HL

Hansestadt Lübeck, Schleswig-Holstein

HIRNLOSE **L**OOSER

____

HM

Landkreis Hameln-Pyrmont, Niedersachsen

HINDERLICHE **M**IKROBE

HINTERFOTZIGER **M**ACHO

____

HN

Landkreis Heilbronn, Baden-Württemberg

HABE**N**ICHTS

HOOLIGAN **N**AHT

____

H

HO

Stadt/Landkreis Hof, Bayern

HAKENSCHLAGENDES **O**BJEKT

HORN**O**CHSE

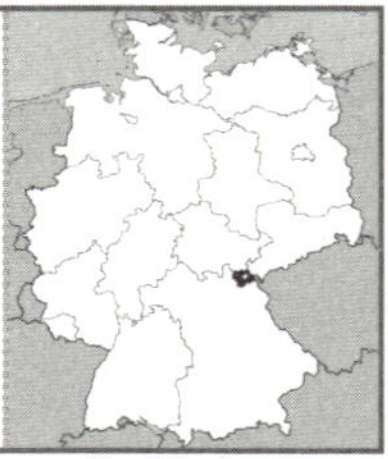

HOL

Landkreis Holzminden, Niedersachsen

HOMOS **O**DER **L**ESBEN

HOM

Saarpfalz-Kreis (Homburg), Saarland

HIRN **O**HNE **M**ASSE

HP

Kreis Bergstraße (Heppenheim), Hessen

HERUMEIERNDE **P**LAGE

HIGHTECH-**P**ÖBEL

HORTET **P**FENNIGE

____

HR

Schwalm-Eder Kreis (Homberg), Hessen

HESSISCHE **R**INDVIECHER

HYDRANTEN-**R**AMMER

____

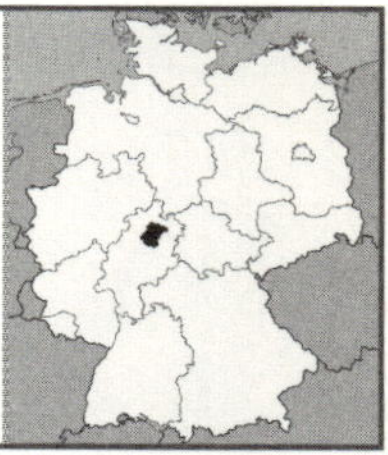

HRO

Hansestadt Rostock, Mecklenburg-Vorpommern

HORST **R**ANGIERT **O**RIENTIERUNGSLOS

HUNDERTJÄHRIGER **R**OSTIGER **O**FEN

____

H

HS

Kreis Heinsberg, Nordrhein-Westfalen

HAUPT**S**CHULDIGER

HIRNAMPUTIERTE **S**AU

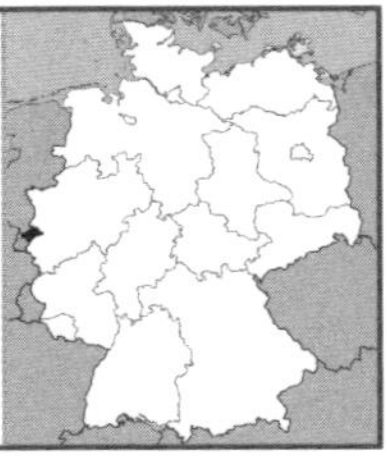

HSK

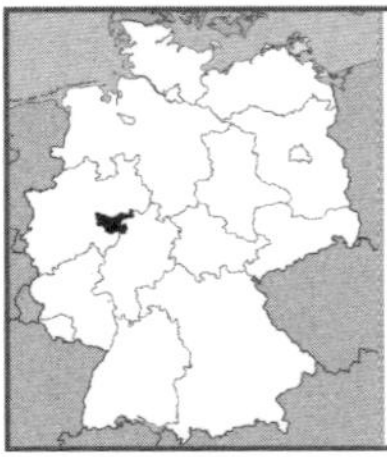

Hochsauerlandkreis, Nordrhein-Westfalen

HIRNI **S**CHIEBT **K**RÄFTIG

HOMO **S**UCHT **K**UMPEL

HST

Hansestadt Stralsund, Mecklenburg-Vorpommern

HOMO **S**APIENS **T**ERRIBILIS

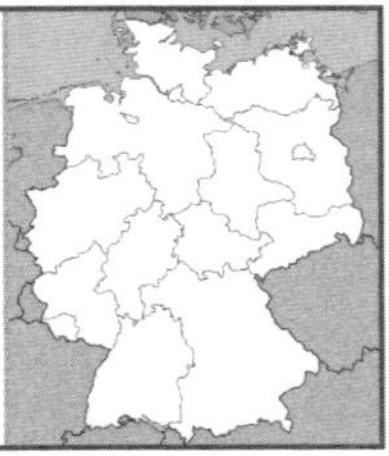

HU

Stadt Hanau/Main-Kinzig-Kreis, Hessen

HAUPTAMTLICHER **U**NRUHESTIFTER

HESSISCH **U**GANDA

____

HVL

Landkreis Havelland, Brandenburg

HACKFRESSE **V**ERSUCHT'S **L**INKS

HANS **V**OM **L**AND

HIRN**V**ER**L**UST

____

HWI

Hansestadt Wismar, Mecklenburg-Vorpommern

HALBWEGS **I**NTELLIGENT

____

H

HX

Kreis Höxter, Nordrhein-Westfalen

HAMPELMANN **X**XL

____

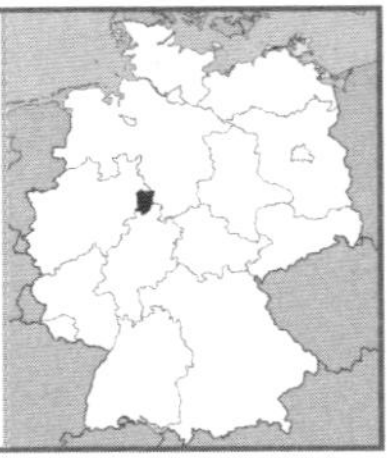

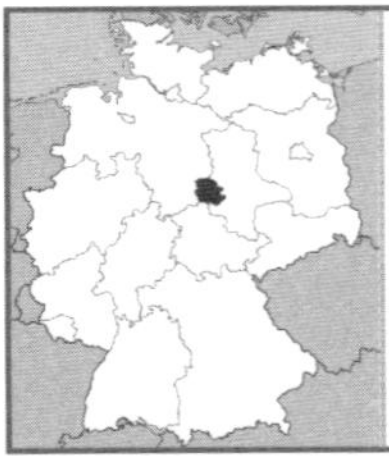

HZ

Landkreis Harz, Sachsen-Anhalt

HAFTPFLICHT **Z**AHLT

HINTERM **Z**AUN

____

I/J

IGB

Stadt St. Ingbert, Saarland

INVASION **G**ANZ **B**EKLOPPTER

____

IK

Ilm-Kreis, Thüringen

IDIOTEN**K**ARRE

IRGENDWIE **K**RANK

____

I/J

IN

Stadt Ingolstadt, Bayern

INTELLIGENTER **N**ICHTBLINKER

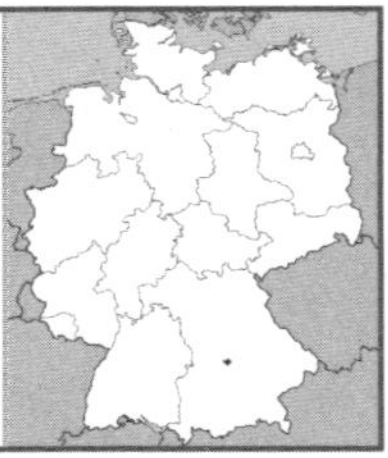

IZ

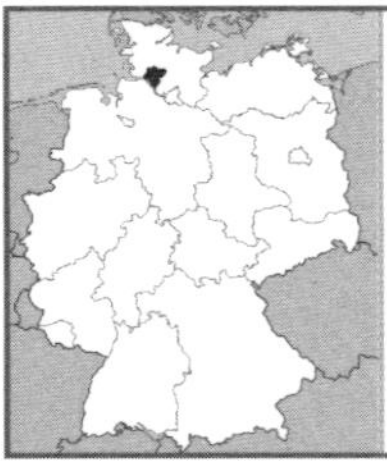

Kreis Steinburg (Itzehoe), Schleswig-Holstein

IDIOTEN**Z**ONE

IMMER **Z**ÖGERLICH

J

Stadt Jena, Thüringen

JÄHZORNIGER

JUSTIERUNGSPROBLEM

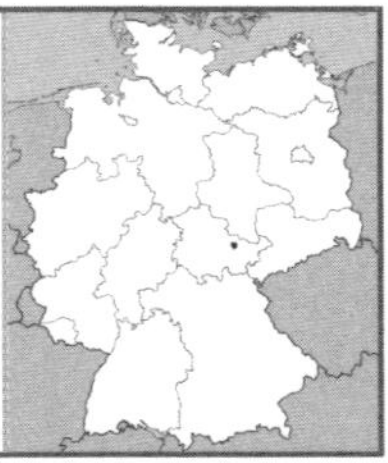

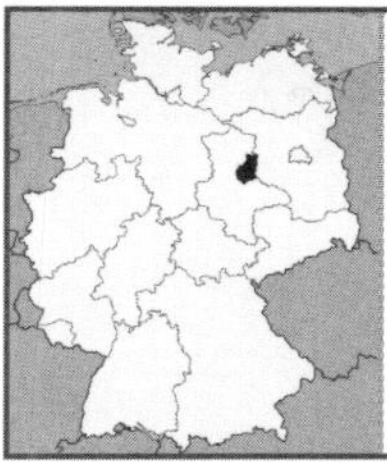

JL

Landkreis Jerichower Land, Sachsen-Anhalt

JAMMER**L**APPEN

JUGENDLICHER **L**EICHTSINN

____

K

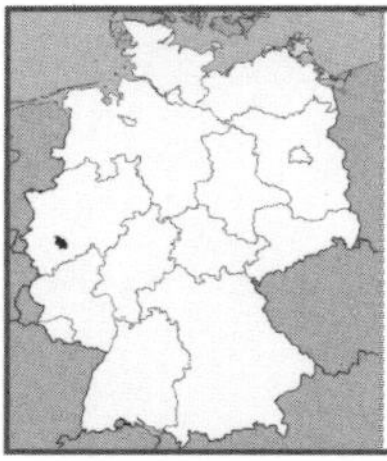

K

Stadt Köln, Nordrhein-Westfalen

KAMELLELUTSCHER

KARAMBOLEUR

____

K

KA

Stadt/Landkreis Karlsruhe, Baden-Württemberg

KEINE **A**HNUNG

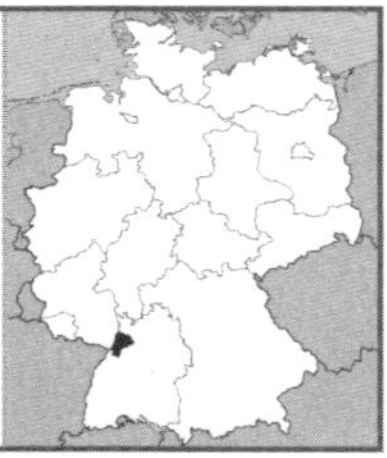

KB

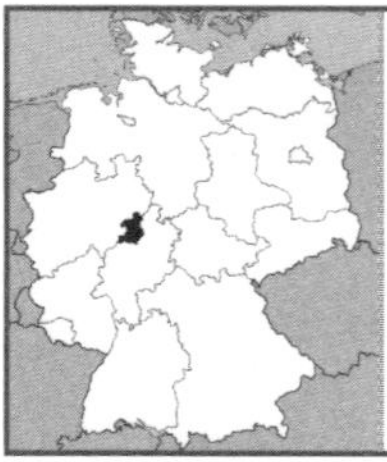

Landkreis Waldeck-Frankenberg (Korbach), Hessen

KOMPLETTE **B**LÖDMÄNNER

KRIEGERISCHES **B**ERGVOLK

KC

Landkreis Kronach, Bayern

KAPITÄN **C**HAOS

KEINE **C**HANCE

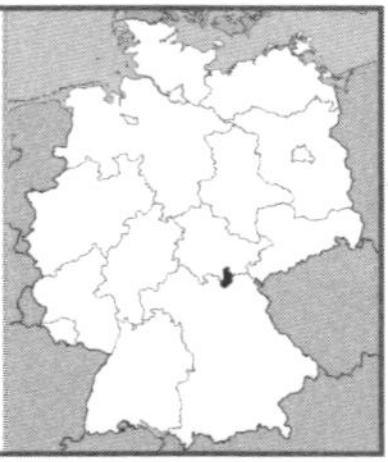

KE

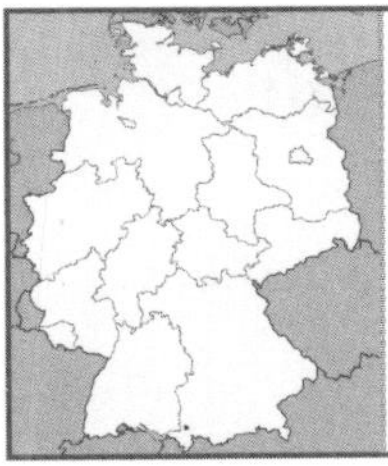

Stadt Kempten (Allgäu), Bayern

KLAMMHEIMLICH **E**INGESCHLAFEN

____

KEH

Landkreis Kelheim, Bayern

KEIN **E**IGENES **H**IRN

____

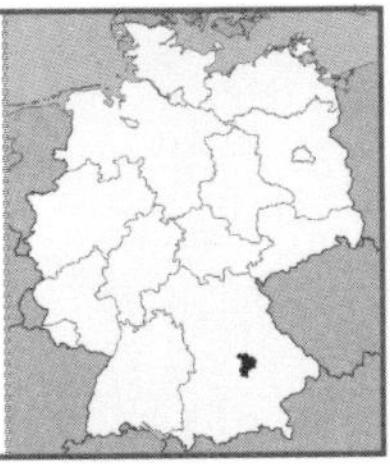

KF

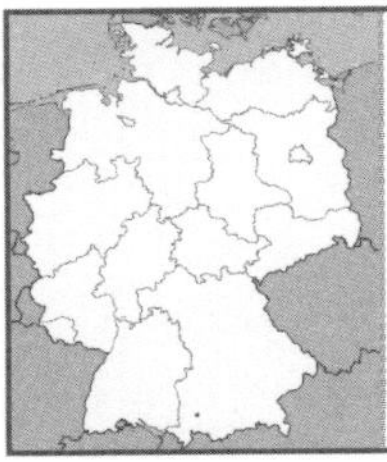

Stadt Kaufbeuren, Bayern

KLASSISCHER **F**EHLER

KRIMINELLER **F**AHRER

____

K

KG

Landkreis Bad Kissingen, Bayern

KLEINKARIERTES **G**ESINDEL

KEIN **G**EHIRN

____

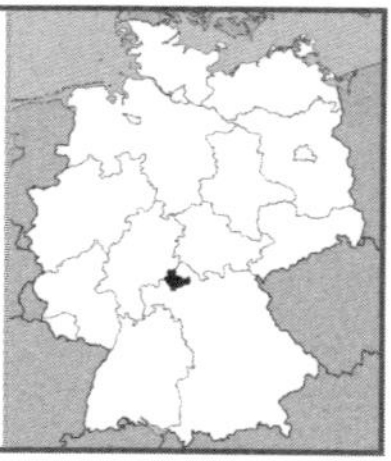

KH

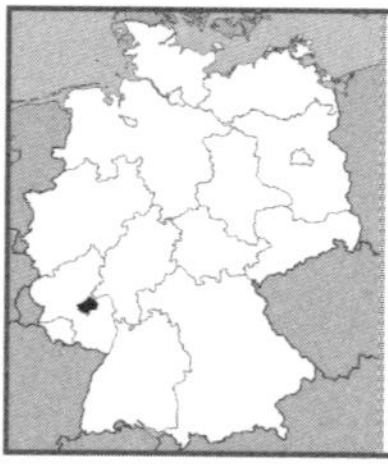

Landkreis Bad Kreuznach, Rheinland-Pfalz

KEINE **H**EMMUNGEN

____

KI

Stadt Kiel, Schleswig-Holstein

KAUM **I**NTELLIGENT

KRANKE **I**DEEN

____

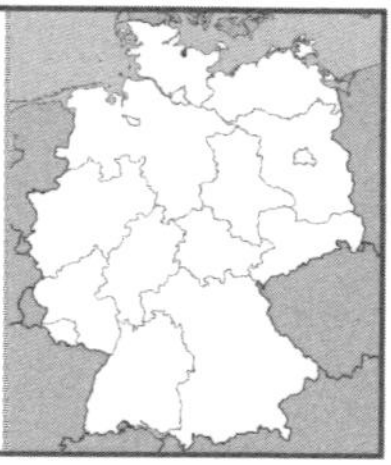

KIB

Donnersbergkreis (Kirchheimbolanden), Rheinland-Pfalz

KEINER **I**ST **B**LÖDER

KLEINKRIEG **I**M **B**ERUFSVERKEHR

____

KL

Stadt/Landkreis Kaiserslautern, Rheinland-Pfalz

KEINE **L**EUCHTE

____

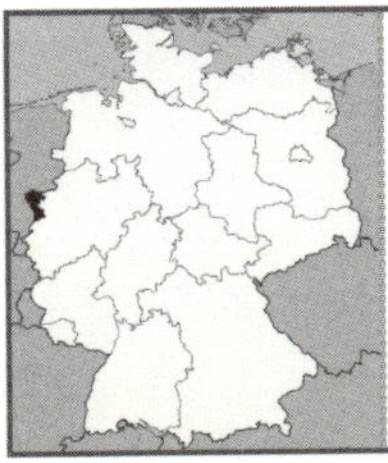

KLE

Kreis Kleve, Nordrhein-Westfalen

KEINER **L**ENKT **E**LENDER

____

K

KN

Landkreis Konstanz, Baden-Württemberg

KANN **N**IX

KAPIERT'S **N**IE

KARAMBOLAGE **N**AHT

KO

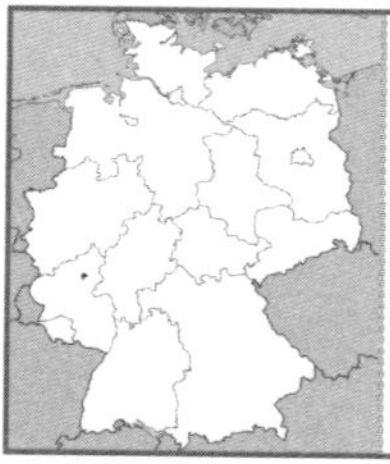

Stadt Koblenz, Rheinland-Pfalz

KEINE **O**RIENTIERUNG

KLUGSCHEISSER **O**BENAUF

KR

Stadt Krefeld, Nordrhein-Westfalen

KOMPROMISSLOSER **R**ASER

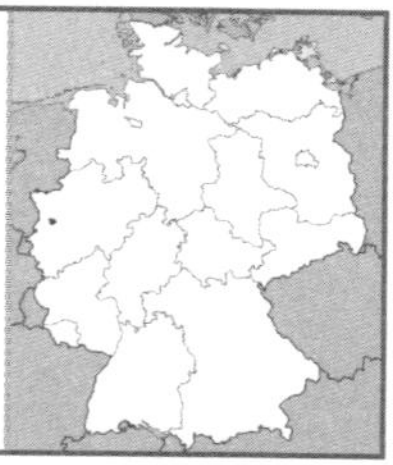

KS

Stadt/Landkreis Kassel, Hessen

KAROSSERIE**S**TREIFER

KRACHT **S**CHON

KT

Landkreis Kitzingen, Bayern

KNASTBRUDER **T**ÜRMT

KU

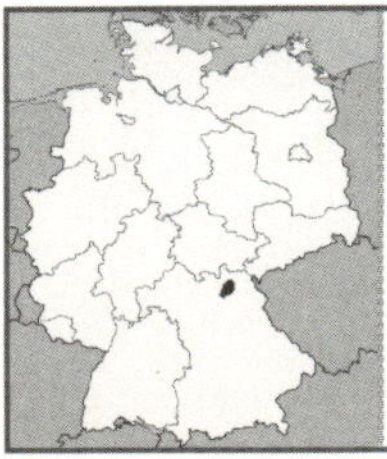

Landkreis Kulmbach, Bayern

KAMEL **U**NTERWEGS

K

KÜN

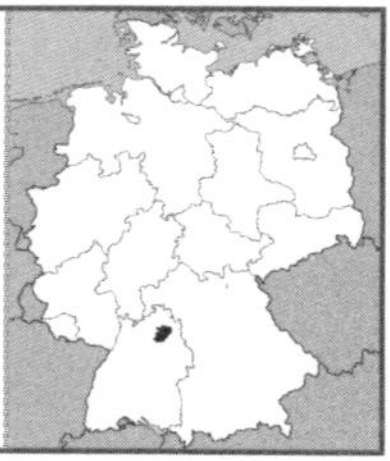

Hohenlohekreis (Künzelsau), Baden-Württemberg

KRAFTFAHRER **Ü**BT **N**OCH

_ _ _ _ _ _ _ _ _ _ _ _ _ _ _ _ _ _

KUS

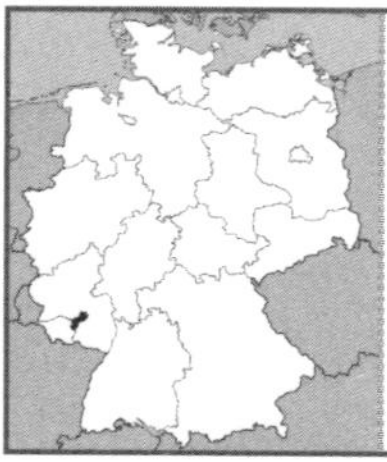

Landkreis Kusel, Rheinland-Pfalz

KAPIERT **U**NGLAUBLICH **S**CHLECHT

_ _ _ _ _ _ _ _ _ _ _ _ _ _ _ _ _ _

KYF

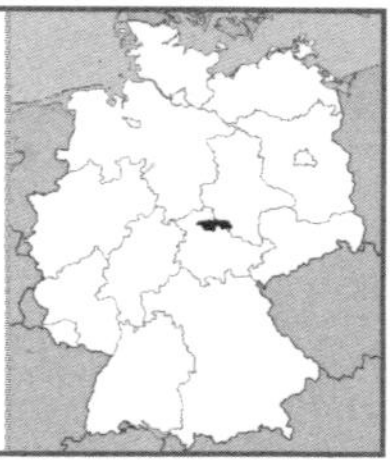

Kyffhäuserkreis, Thüringen

KOMATÖSER **Y**ETI **F**ÄHRT

_ _ _ _ _ _ _ _ _ _ _ _ _ _ _ _ _ _

L

L

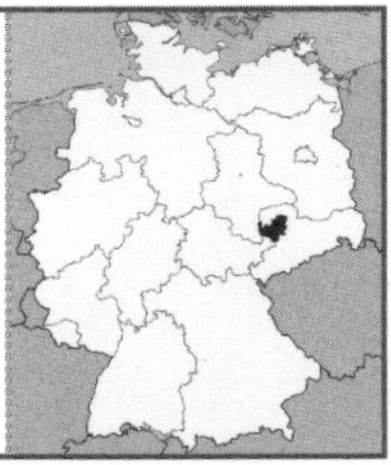

Stadt/Landkreis Leipzig, Sachsen

LACKAFFE

LUSCHENTRANSPORTER

LA

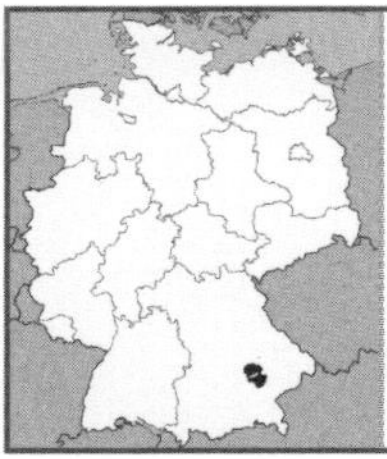

Stadt/Landkreis Landshut, Bayern

LÄCHERLICHER **A**NGEBER

LATENT **A**GGRESSIV

L

LAU

Landkreis Nürnberger Land (Lauf an der Pegnitz), Bayern

LAUTER **A**RSCHLÖCHER **U**NTERWEGS

LINKS **A**BBIEGEN – **U**NFALL

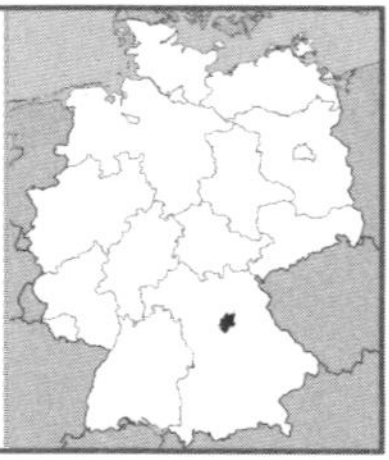

LB

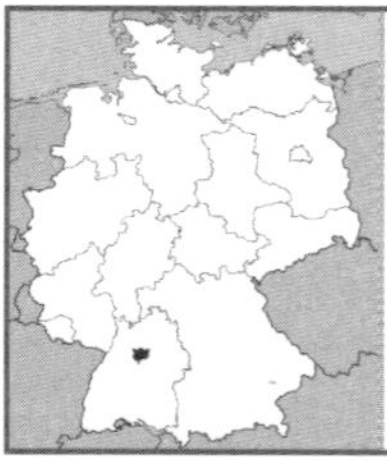

Landkreis Ludwigsburg, Baden-Württemberg

LANGER **B**ACHEL

LEICHTFERTIGE **B**AGAGE

LD

Stadt Landau in der Pfalz, Rheinland-Pfalz

LANDPLAGE **D**RÄNGELT

LAUTER **D**EPPEN

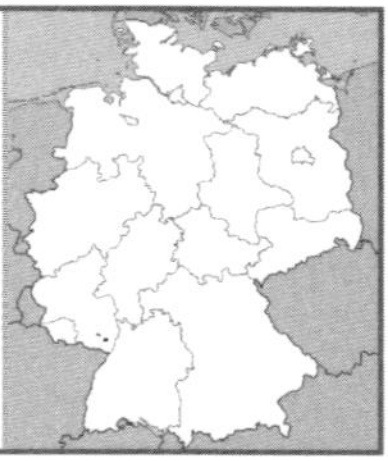

LDK

Lahn-Dill-Kreis, Hessen

LAND **D**ER **K**ASPER

____

LDS

Landkreis Dahme-Spreewald, Brandenburg

LAUTER **D**UMME **S**CHWEINE

LUMPEN **D**IEBE **S**TROLCHE

____

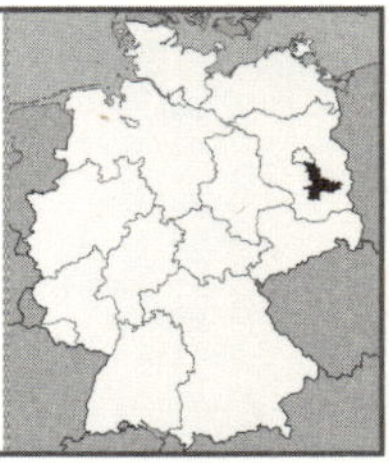

LER

Landkreis Leer, Niedersachsen

LAUTER **E**HEMALIGE **R**ADFAHRER

LOGISCHERWEISE **E**IN **R**INDVIEH

____

L

LEV

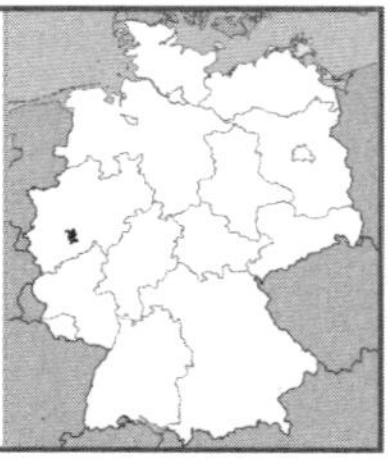

Stadt Leverkusen, Nordrhein-Westfalen

LEIDER **E**WIGER **V**ERLIERER

LETZTER **E**RFOLGLOSER **V**ERSUCH

____

LG

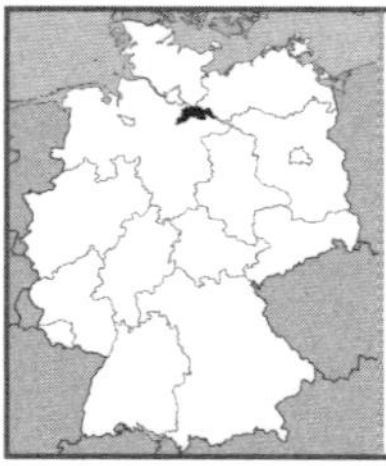

Landkreis Lüneburg, Niedersachsen

LAHMER **G**ENOSSE

LAZARETTPLATZ **G**EBUCHT

____

LI

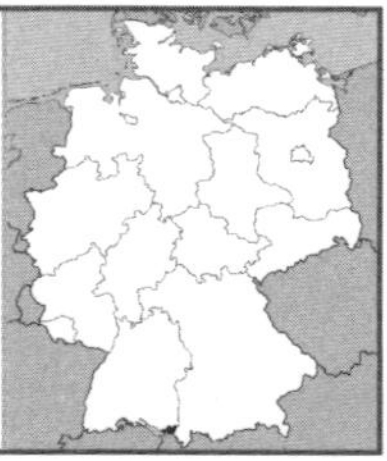

Landkreis Lindau (Bodensee), Bayern

LAUTER **I**DIOTEN

LETHARGISCHER **I**NTENSIVSTÖRER

LIZENSIERTER **I**DIOT

____

LIF

Landkreis Lichtenfels, Bayern

LOOSER **I**M **F**AHRZEUG

____

LIP

Kreis Lippe, Nordrhein-Westfalen

LANDWIRT **I**N **P**ANIK

LASS **I**HN **P**ENNEN

LOW **I**NTELLIGENT **P**EOPLE

____

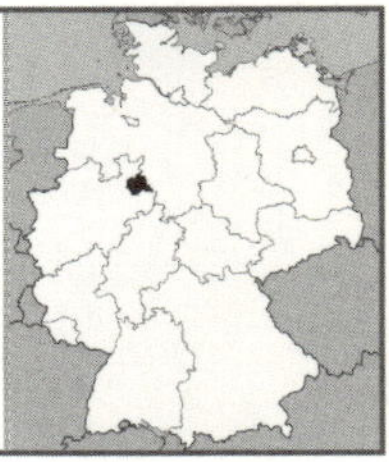

LL

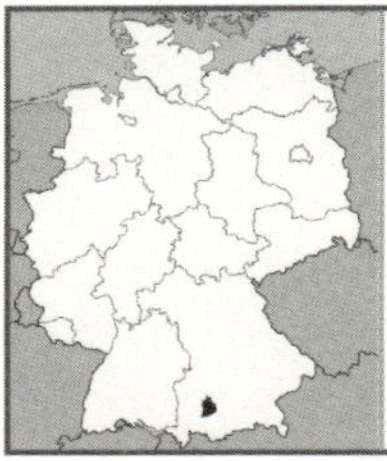

Landkreis Landsberg am Lech, Bayern

LANGE **L**EITUNG

____

L

LM

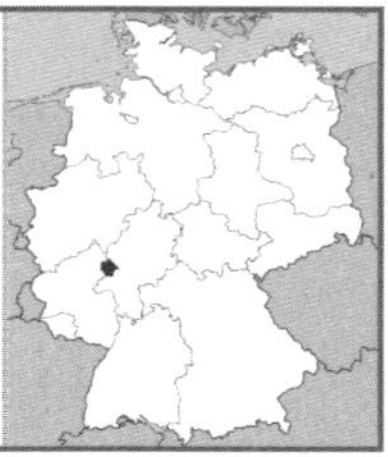

Landkreis Limburg-Weilburg, Hessen

LECK **M**ICH

LEICHT**M**ATROSE

____

Lö

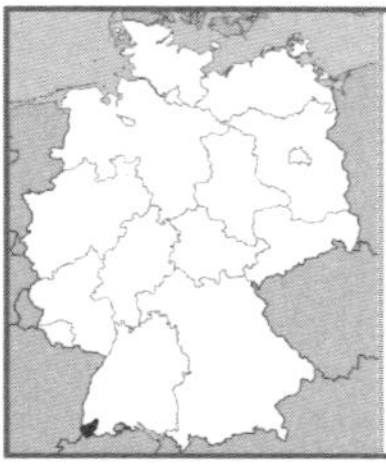

Landkreis Lörrach, Baden-Württemberg

LATSCHENDER **Ö**KO

____

LOS

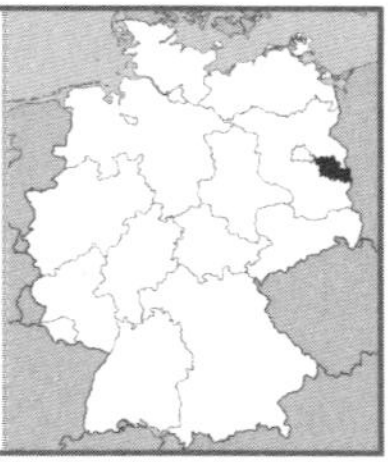

Landkreis Oder-Spree, Brandenburg

LAND **O**HNE **S**ONNE

LEUTE **O**HNE **S**KRUPEL

____

LRO

Landkreis Rostock, Mecklenburg-Vorpommern

LUDE **R**AST **O**FT

____

LSA

Sachsen-Anhalt, Landesregierung

LEHRER **S**UCHT **A**USWEG

____

LSN

Sachsen, Landesregierung

LUSCHE **S**CHIEBT **N**OCH

____

L

LU

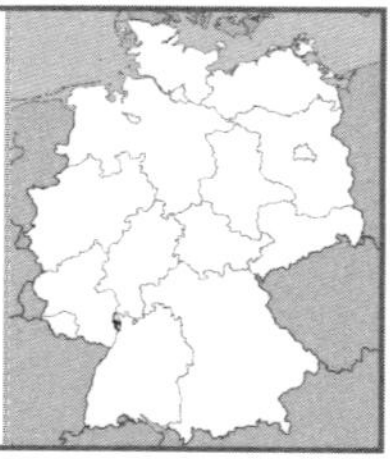

Stadt Ludwigshafen am Rhein, Rheinland-Pfalz

LAGE **U**NÜBERSICHTLICH

LOOSER **U**NTERWEGS

____

LUP

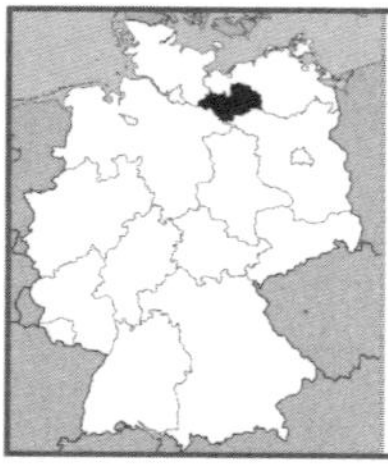

Landkreis Ludwigslust-Parchim,
Mecklenburg-Vorpommern

LAUT **U**ND **P**ERVERS

____

M

M

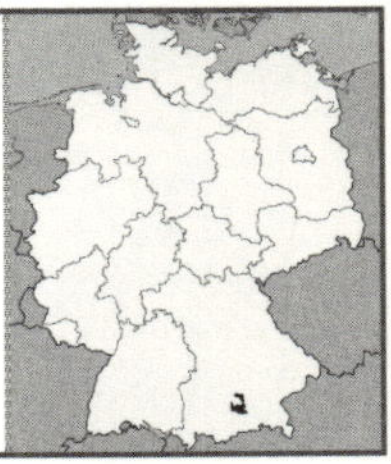

Stadt/Landkreis München, Bayern

MACHOGEHABE

MINDERBEGABT

____

MA

Stadt Mannheim, Baden-Württemberg

MICKRIGER **A**RSCHKRIECHER

MÜLL**A**BFUHR

____

M

MB

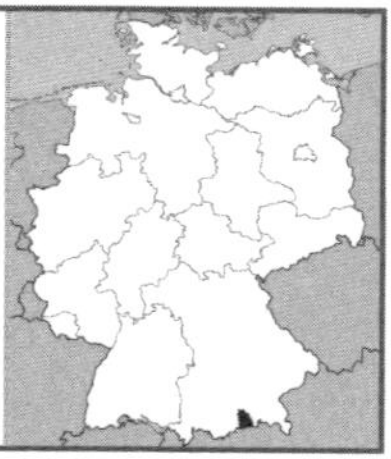

Landkreis Miesbach, Bayern

MANGELHAFTE **B**EHERRSCHUNG

MINDER**B**EMITTELT

MD

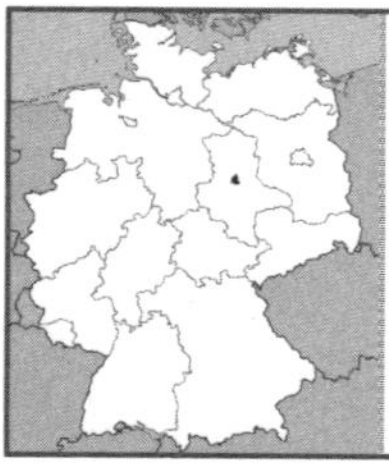

Stadt Magdeburg, Sachsen-Anhalt

MAGDEBURGER **D**ORFJACKEN

MAGERE **D**ARBIETUNG

MOTOR **D**EFEKT

ME

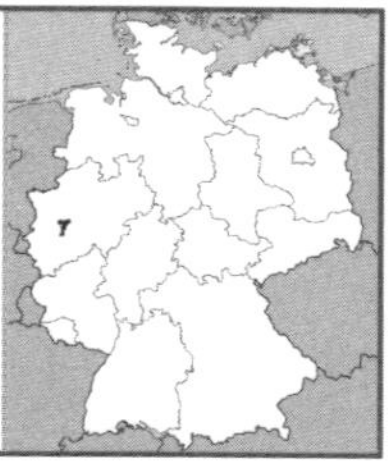

Kreis Mettmann, Nordrhein-Westfalen

MIESE **E**INSTELLUNG

MOTORISIERTER **E**SEL

MEI

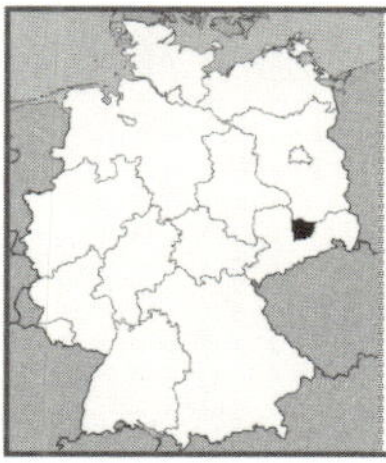

Landkreis Meißen, Sachsen

MAROTTEN **E**INES **I**RRSINNIGEN

MIT **E**INGESCHRÄNKTER **I**NTELLIGENZ

MG

Stadt Mönchengladbach, Nordrhein-Westfalen

MAXIMALER **G**ENDEFEKT

MAULENDER **G**AFFER

MIESER **G**AUNER

MH

Stadt Mülheim an der Ruhr, Nordrhein-Westfalen

MACHT **H**UMBUG

MÜLL**H**ALDE

M

MI

Kreis Minden-Lübbecke, Nordrhein-Westfalen

MÜDER **I**NVALIDE

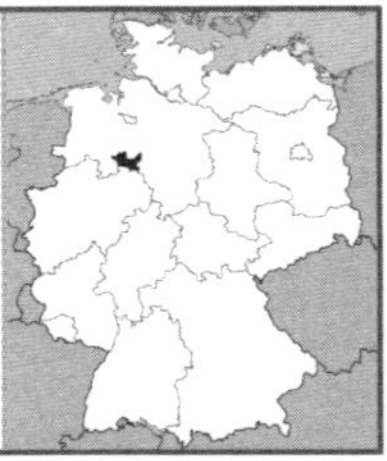

MIL

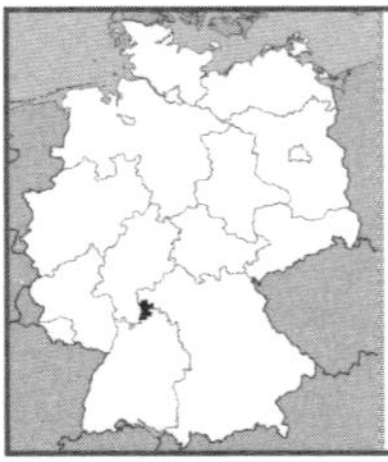

Landkreis Miltenberg, Bayern

MIT **I**DIOTEN **L**EBEN

MK

Märkischer Kreis, Nordrhein-Westfalen

MATSCH**K**OPF
MOTORISIERTER **K**ANARIENVOGEL
MÄRKISCH **K**ONGO

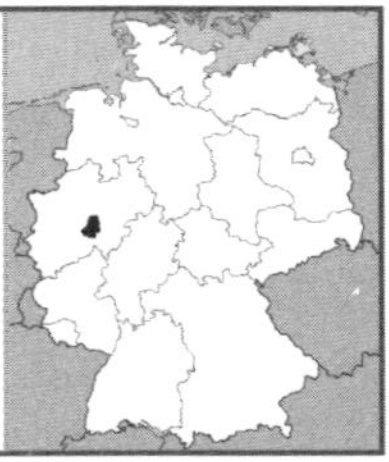

MKK

Main-Kinzig-Kreis, Hessen

MICH **K**ENNT **K**EINER

____

MM

Stadt Memmingen, Bayern

MUTTI **M**ANAGT'S

____

MN

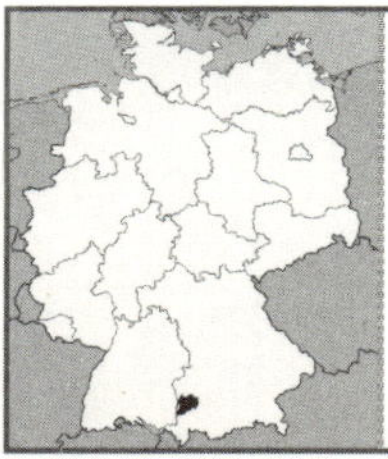

Landkreis Unterallgäu (Mindelheim), Bayern

MERKT **N**ICHTS

____

M

MOL

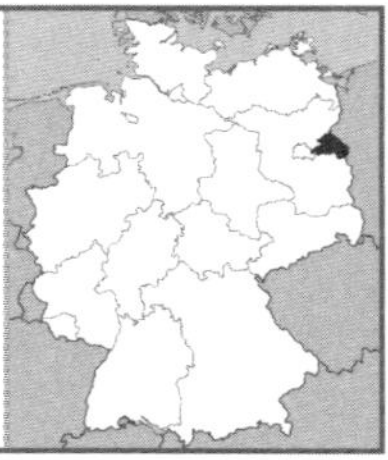

Landkreis Märkisch-Oderland, Brandenburg

MASTER **O**F **L**ICHTHUPE

MEINE **O**MA **L**ENKT

____

MOS

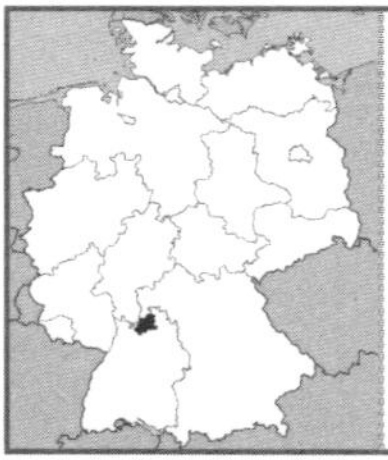

Neckar-Odenwald-Kreis (Mosbach), Baden-Württemberg

MITFAHRER **O**PFERN **S**ICH

MÜDE **O**DER **S**CHLÄFRIG

____

MR

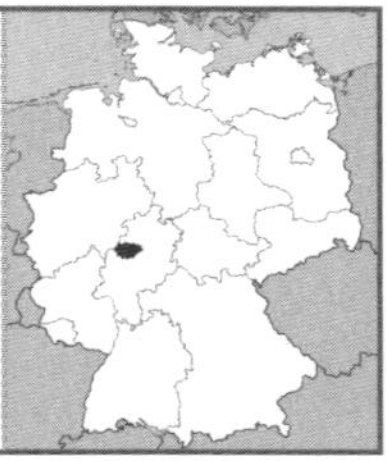

Landkreis Marburg-Biedenkopf, Hessen

MEDITIERT **R**EICHLICH

____

MS

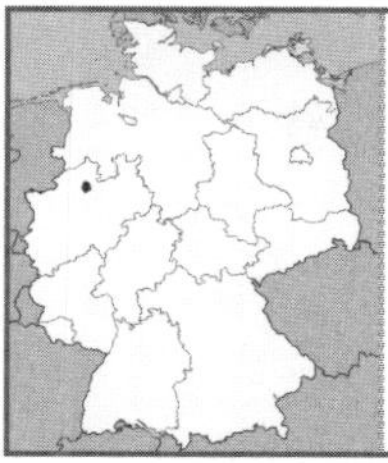

Stadt Münster, Nordrhein-Westfalen

MENSCHEN**S**CHINDER!

MOBILES **S**TAUGERÄT

____

MSE

Landkreis Mecklenburgische Seenplatte,
Mecklenburg-Vorpommern

MANCHMAL **S**CHALTET **E**INER

MAMA **S**UCHT **E**NTSCHULDIGUNG

____

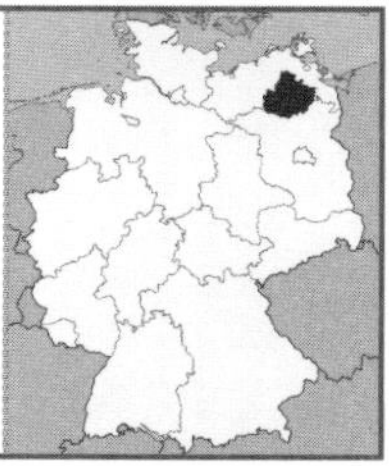

MSH

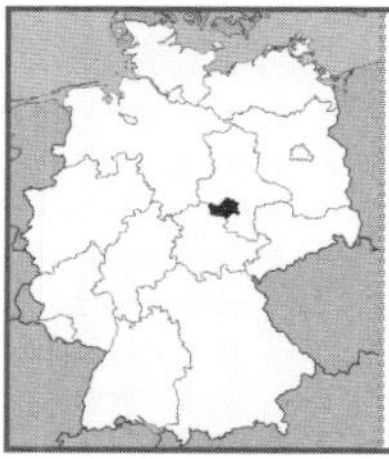

Landkreis Mansfeld-Südharz, Sachsen-Anhalt

MIETET **S**EIN **H**IRN

____

M

MSP

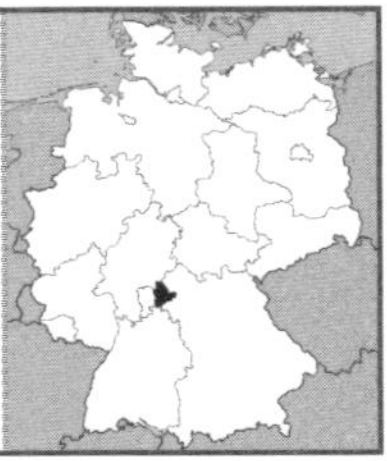

Landkreis Main-Spessart, Bayern

MALTRÄTIERT **S**ÄMTLICHE **P**ERSONEN

MAMA **S**UCHT **P**APA

____

MTK

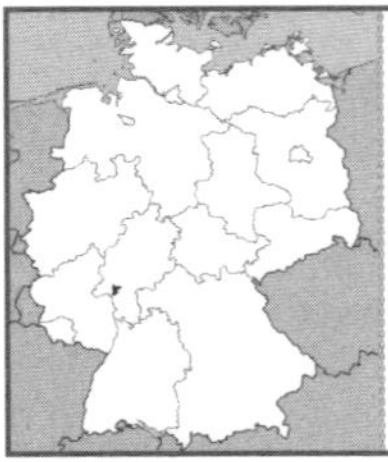

Main-Taunus-Kreis, Hessen

MIR **T**RAUT **K**EINER

MÜLL**T**ONNEN**K**UTSCHER

____

MÜ

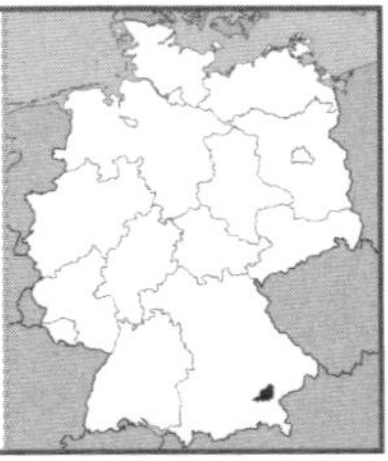

Landkreis Mühldorf am Inn, Bayern

MEHRFACH **Ü**BERSCHÄTZT

MUSS **Ü**BEN

____

MVL

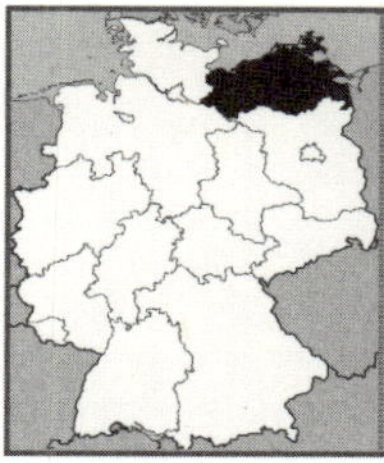

Mecklenburg-Vorpommern, Landesregierung

MIT **V**IELEN **L**USCHEN

____

MYK

Landkreis Mayen-Koblenz, Rheinland-Pfalz

MACH'N **Y**OGA-**K**URS!

____

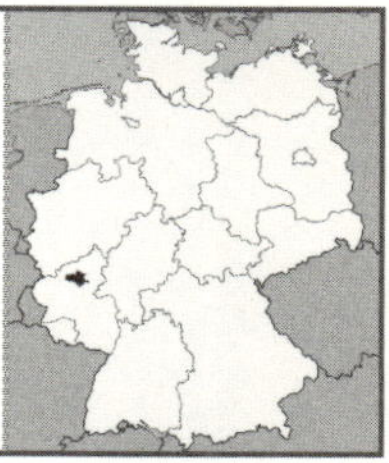

MZ

Stadt Mainz/Landkreis Mainz-Bingen, Rheinland-Pfalz

MIESER **Z**IPFEL

____

M

MZG

Landkreis Merzig-Wadern, Saarland

MIR **Z**UGELE **G**EMÜTLICH

MIT **Z**UNEHMENDEM **G**EDÄCHTNISSCHWUND

____

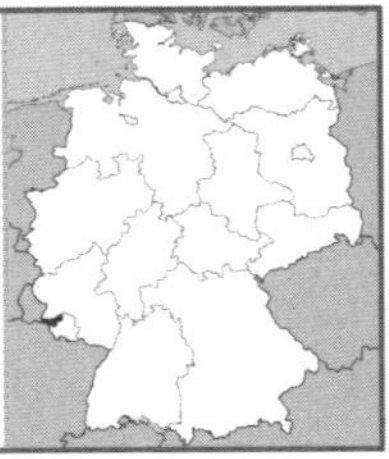

N

N

Stadt Nürnberg/Landkreis Nürnberger Land, Bayern

NIETE

____

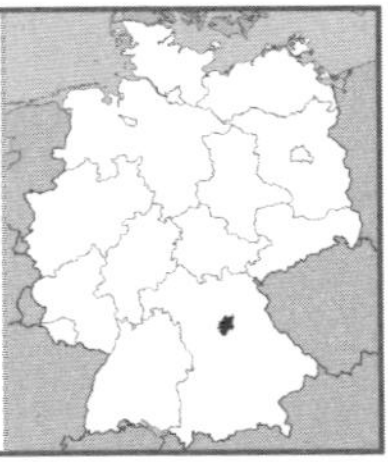

NB

Stadt Neubrandenburg, Mecklenburg-Vorpommern

NIX**B**LICKER

ND

Landkreis Neuburg-Schrobenhausen
(Neuburg an der Donau), Bayern

NULL **D**YNAMIK

NUR **D**EPPEN

NDH

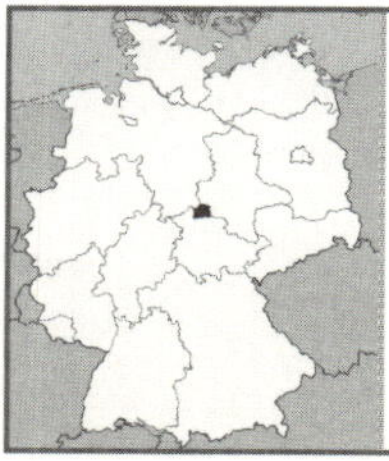

Landkreis Nordhausen, Thüringen

NARR **D**ES **H**EIMATLANDES

NICHT **D**EUTSCHER **H**ERKUNFT

N

NE

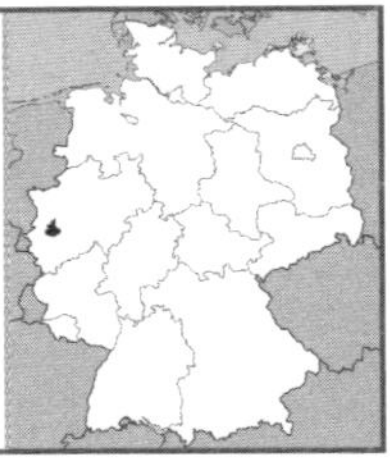

Rhein-Kreis Neuss, Nordrhein-Westfalen

NIEMALS **E**ILIG

NULL **E**RFAHRUNG

NEA

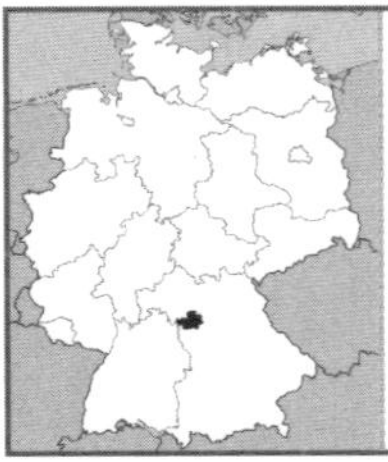

Landkreis Neustadt an der Aisch-Bad Windsheim, Bayern

NEANDERTALER

NIEMALS **E**IN **A**UTOFAHRER

NES

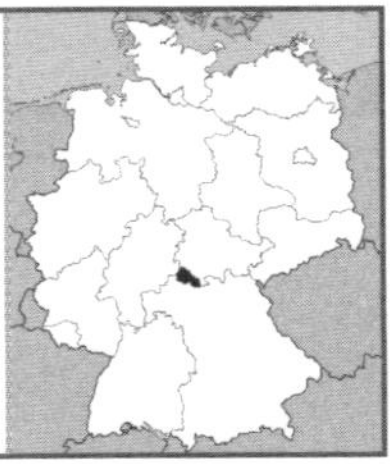

Landkreis Rhön-Grabfeld (Bad Neustadt an der Saale), Bayern

NACHWUCHS **E**RLEIDET **S**CHADEN

NAHEZU **E**RLOSCHENES
SEHVERMÖGEN

NEW

Landkreis Neustadt an der Waldnaab, Bayern

NOCH **E**IN **W**ICHSER

____

NF

Kreis Nordfriesland, Schleswig-Holstein

NERVENDER **F**RIESE

NO **F**UTURE

NORD**F**ERKEL

____

NI

Landkreis Nienburg/Weser, Niedersachsen

NATIONALE **I**RRENANSTALT

NUR **I**DIOTEN

____

N

NK

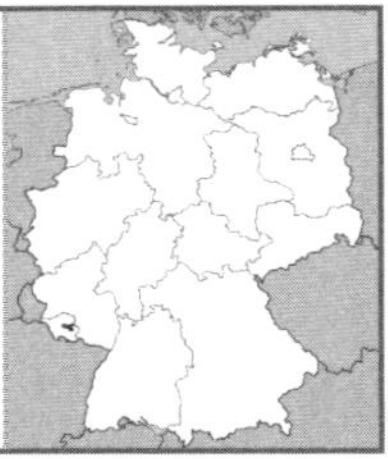

Landkreis Neunkirchen, Saarland

NAVIGIERT **K**OPFLOS

NUR **K**RANK

____

NL

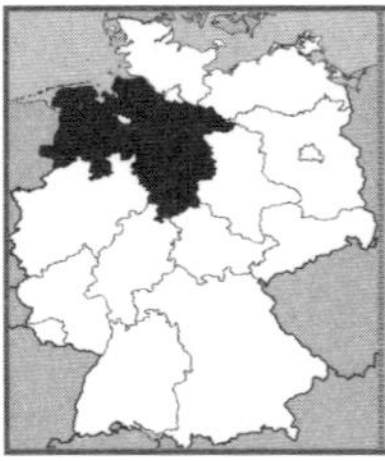

Niedersachsen, Landesregierung

NEUNMALKLUGE **L**AUSBUBEN

NIEDER**L**ÄNDER

NIMMT'S **L**EICHT

____

NM

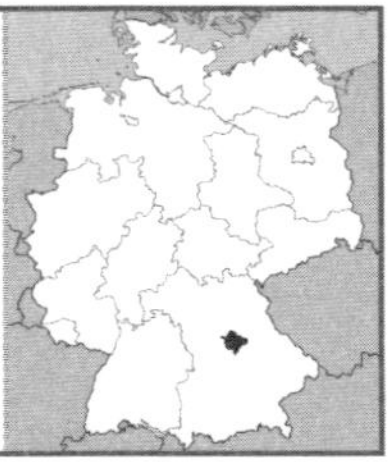

Landkreis Neumarkt in der Oberpfalz, Bayern

NULL **M**ANIEREN

____

NMS

Stadt Neumünster, Schleswig-Holstein

NUR **M**ÜDE **S**CHLEICHER

NOH

Landkreis Grafschaft Bentheim (Nordhorn), Niedersachsen

NOCH **O**HNE **H**IRN

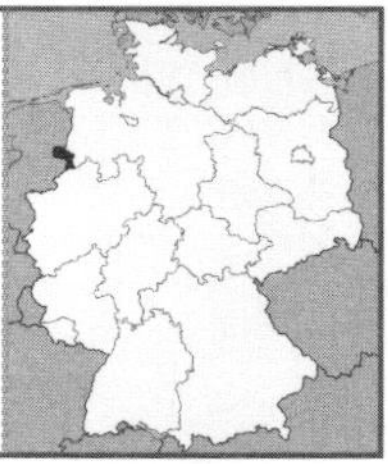

NOM

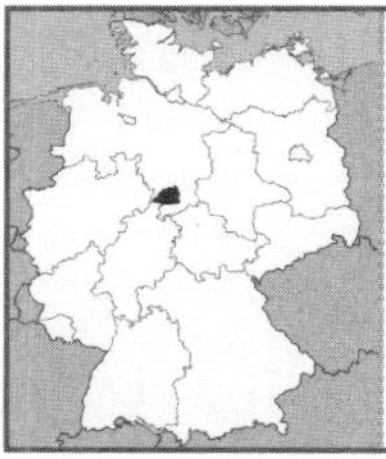

Landkreis Northeim, Niedersachsen

NEANDERTALER **O**HNE **M**ANIEREN

NICHT **O**HNE **M**UTTI

N

NR

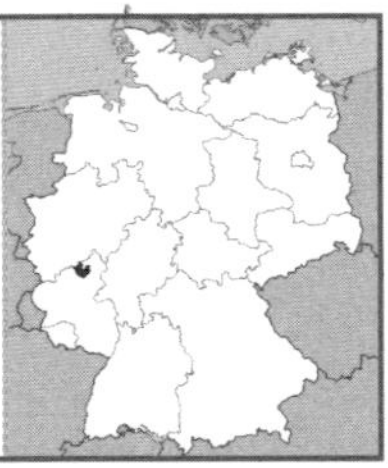

Landkreis Neuwied (Neuwied am Rhein), Rheinland-Pfalz

NACKTER **R**HEINLÄNDER

NULLCHECKER **R**ECHTS

NUTZLOSE **R**ANDGRUPPE

____

NRW

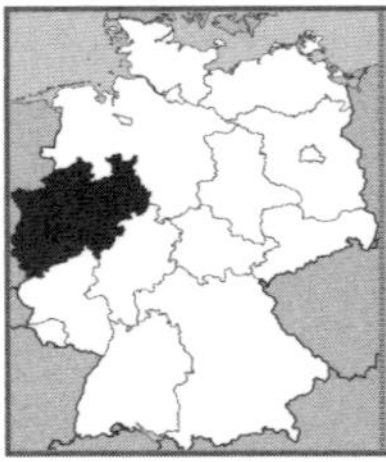

Nordrhein-Westfalen, Landesregierung

NOTFALLS **R**EMPELN **W**IR

____

NU

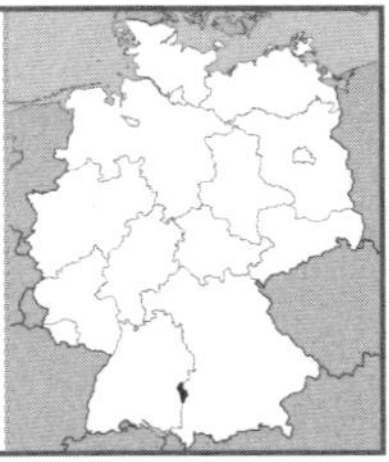

Landkreis Neu-Ulm, Bayern

NIETE **U**NTERWEGS

NOTORISCHER **U**NRUHESTIFTER

____

NW

Stadt Neustadt an der Weinstraße, Rheinland-Pfalz

NARKOSE **W**IRKT

____

NWM

Landkreis Nordwestmecklenburg,
Mecklenburg-Vorpommern

NIEMAND **W**ILL **M**ICH

____

O

OA

Landkreis Oberallgäu, Bayern

OBER**A**RSCH

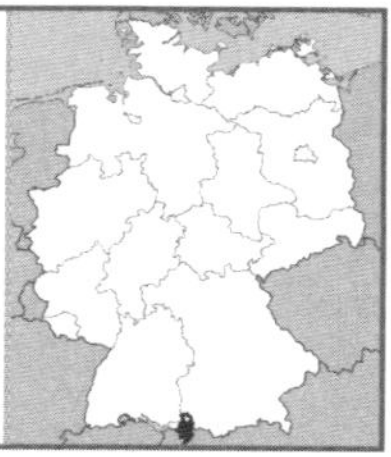

OAL

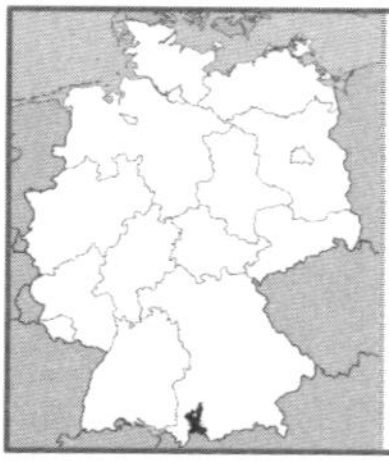

Landkreis Ostallgäu, Bayern

OBER**A**RSCH**L**OCH

OB

Stadt Oberhausen, Nordrhein-Westfalen

OFFIZIELL **B**EKLOPPT

OHNE **B**REMSEN

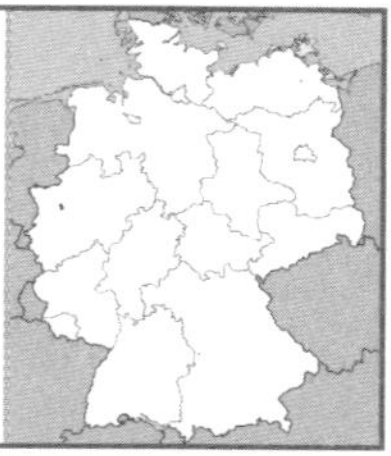

OD

Kreis Stormarn (Bad Oldesloe), Schleswig-Holstein

OFFENSICHTLICH **D**EMENT

OLLER **D**USSEL

____

OE

Kreis Olpe, Nordrhein-Westfalen

OHNE **E**RFAHRUNG

____

OF

Stadt/Landkreis Offenbach am Main, Hessen

OHNE **F**ÜHRERSCHEIN

ORTSUNKUNDIGER **F**AHRER

____

O

OG

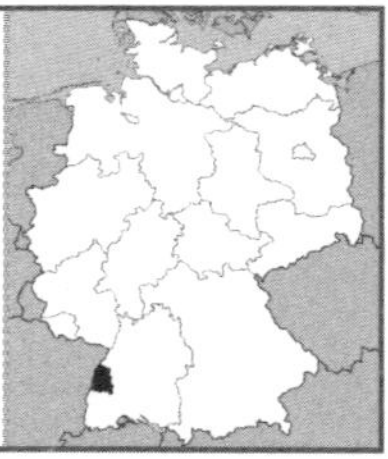

Ortenaukreis (Offenburg), Baden-Württemberg

OHNE **G**EHIRN

OHRFEIGEN**G**ESICHT

____

OH

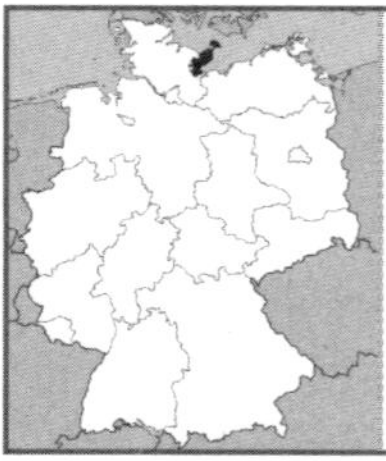

Kreis Ostholstein, Schleswig-Holstein

OHNE **H**IRN

ORDENTLICHER **H**IRNSCHADEN

____

OHV

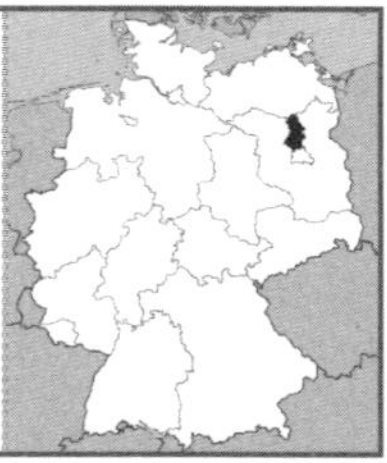

Landkreis Oberhavel, Brandenburg

OHNE **H**IRN **V**ERSTAND

OSTPREUSSE **H**ETZT **V**ORBEI

____

OHZ

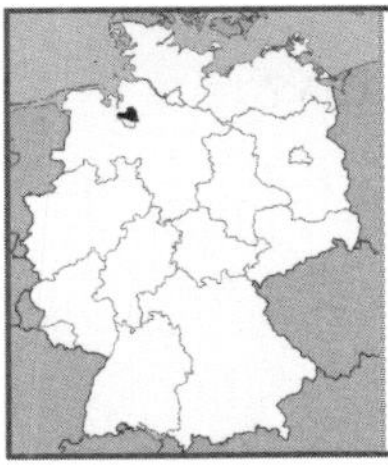

Landkreis Osterholz, Niedersachsen

OHNE **H**IRN **Z**UGELASSEN

OL

Stadt/Landkreis Oldenburg, Niedersachsen

OLLER **L**ÜMMEL

ORIENTIERUNGS-**L**EGASTHENIKER

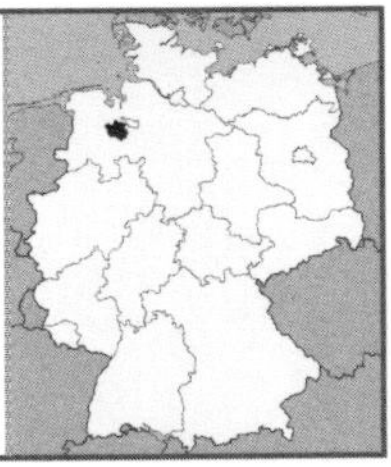

OPR

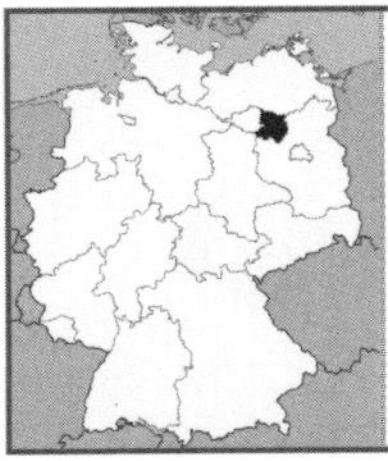

Landkreis Ostprignitz-Ruppin, Brandenburg

OST**P**ÖBEL **R**AST

O

OS

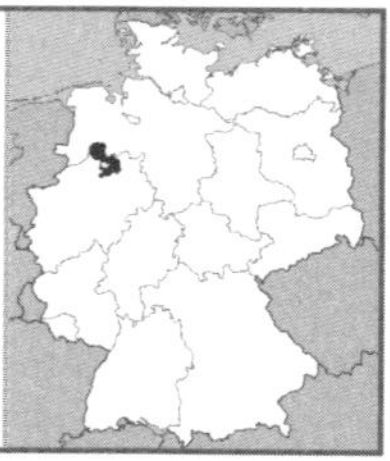

Stadt/Landkreis Osnabrück, Niedersachsen

OLD **S**TEUERHAND

ORDINÄRE **S**AU

OSL

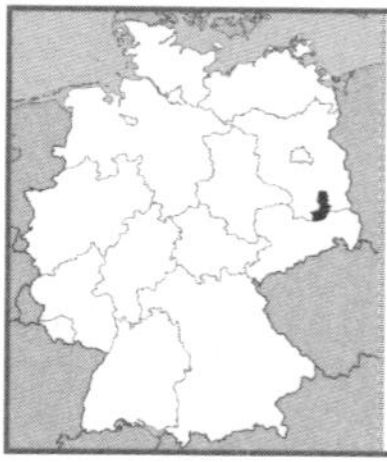

Landkreis Oberspreewald-Lausitz, Brandenburg

OBERSCHLAUER **L**ANGSAMFAHRER

OSSI **S**UCHT **L**ANDSTRASSE

P

P

Stadt Potsdam, Brandenburg

PEDALVERWEIGERER

PRESCHWURST

PA

Stadt/Landkreis Passau, Bayern

PEINLICHE **A**UTOFAHRER

PLUMPE **A**NMACHE

P

PAF

Landkreis Pfaffenhofen an der Ilm, Bayern

POST **A**US **F**LENSBURG

____

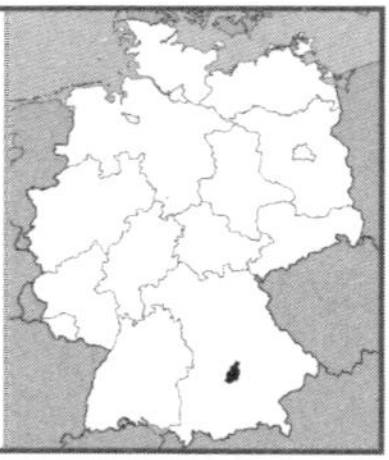

PAN

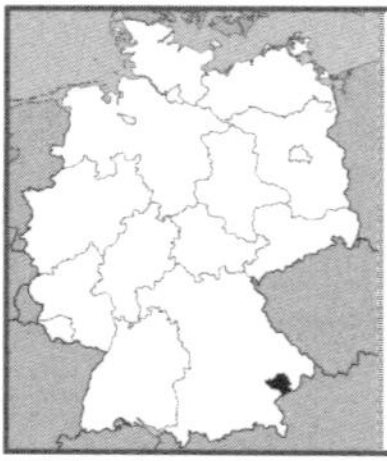

Landkreis Rottal-Inn (Pfarrkirchen), Bayern

PASS **A**UF, **N**IEDERBAYER!

PENNT **A**UCH **N**OCH

____

PB

Kreis Paderborn, Nordrhein-Westfalen

PERVERSE **B**LÖDMÄNNER

POLIZEI**B**EKANNT

____

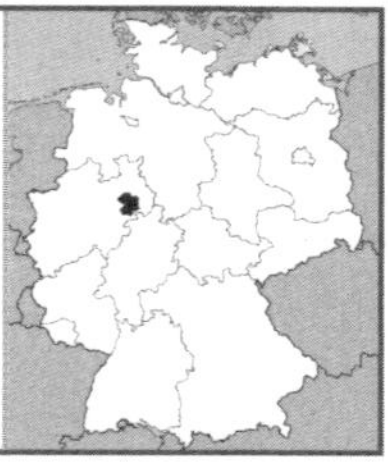

PE

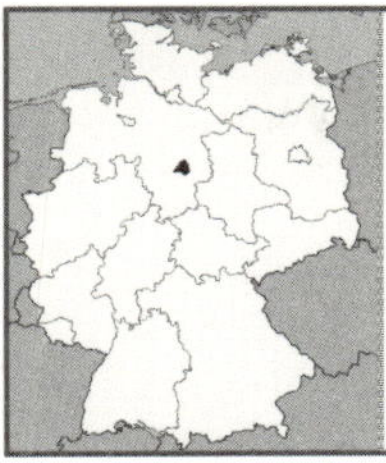

Landkreise Peine, Niedersachsen

PERSONIFIZIERTES **E**LEND

____

PF

Stadt Pforzheim/Enzkreis, Baden-Württemberg

PFENNIG**F**URZER

____

PI

Kreis Pinneberg, Schleswig-Holstein

PARALYSIERTER **I**NSASSE

PROVINZ**I**DIOT

____

P

PIR

Landkreis Sächsische Schweiz-Osterzgebirge (Pirna), Sachsen

PAUKER **I**M **R**UHESTAND

____

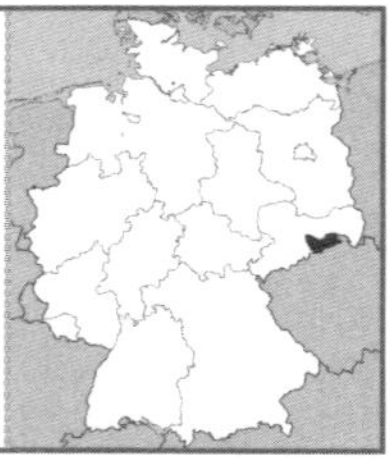

PLÖ

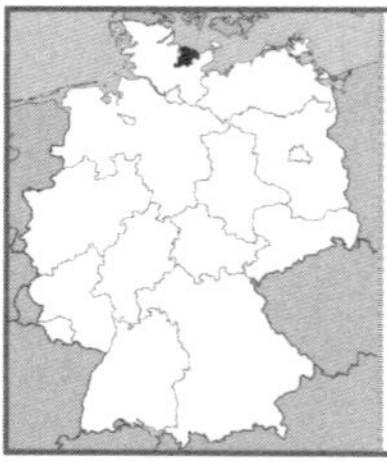

Kreis Plön, Schleswig-Holstein

PEINIGT **L**EUTE **Ö**FFENTLICH

PENNT **L**EIDER **Ö**FTERS

____

PM

Landkreis Potsdam-Mittelmark, Brandenburg

PATZT **M**EHRFACH

POSE**M**UCKEL

____

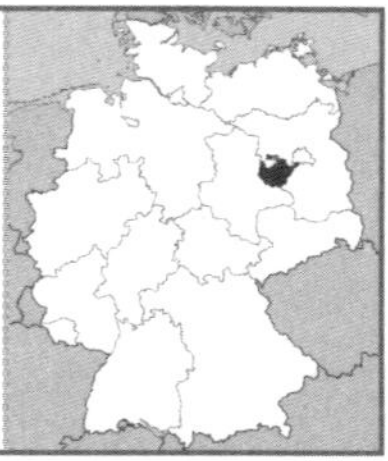

PR

Landkreis Prignitz, Brandenburg

PLÖTZLICHE **R**UHESTÖRUNG

PRIMATEN-**R**ALLYE

____

PS

Stadt und Landkreis Südwestpfalz (Pirmasens), Rheinland-Pfalz

PISTEN**S**AU

PFÄLZISCH-**S**IBIRIEN

____

R

R

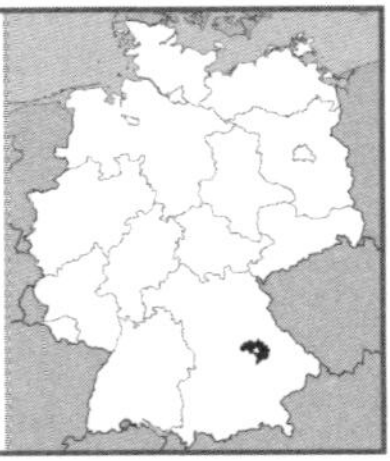

Stadt/Landkreis Regensburg, Bayern

RANDALIERER

RUMSCHLEICHER

____

RA

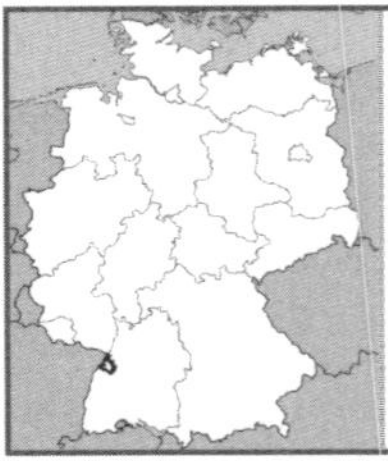

Landkreis Rastatt, Baden-Württemberg

RASENDE **A**RSCHLÖCHER

____

RD

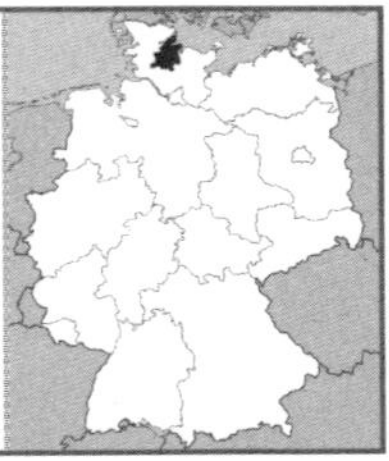

Kreis Rendsburg-Eckernförde, Schleswig-Holstein

RENTNER-**D**EMO

RUNDUM **D**ÄMLICH

____

RE

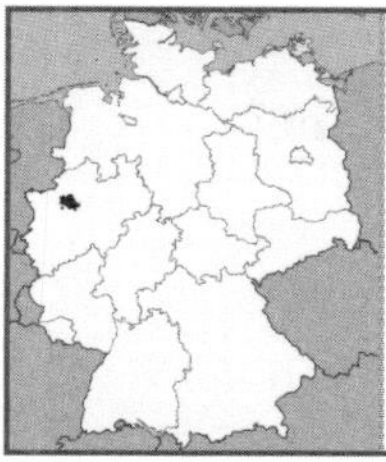

Kreis Recklinghausen, Nordrhein-Westfalen

RANDALIERENDER **E**UNUCH

RETTET **E**UCH!

ROLLATOR**E**RSATZ, **R**UHRPOTT**E**KEL

____

REG

Landkreis Regen (Bayerischer Wald), Bayern

RECHT **E**INFACH **G**ESTRICKT

REICHT **E**IN **G**RÜNLICHT?

____

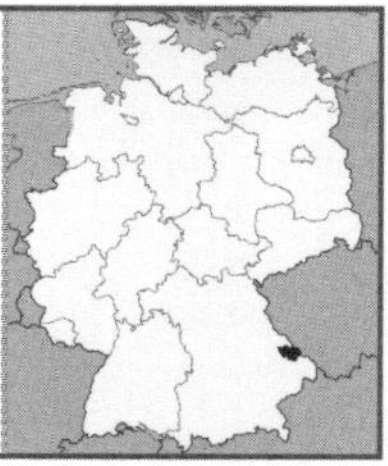

RH

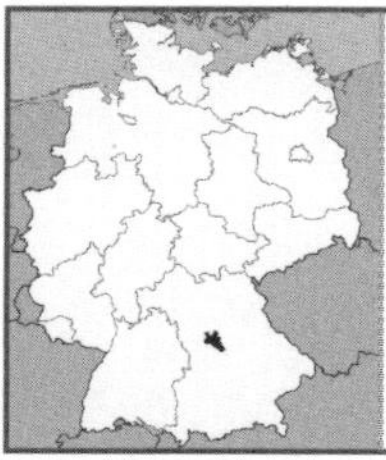

Landkreis Roth, Bayern

REIN**H**AUEN!

RÜPEL**H**AUSEN

____

R

RO

Stadt/Landkreis Rosenheim, Bayern

RASENDER **O**CHSE

RUPPIGER **O**BERBAYER

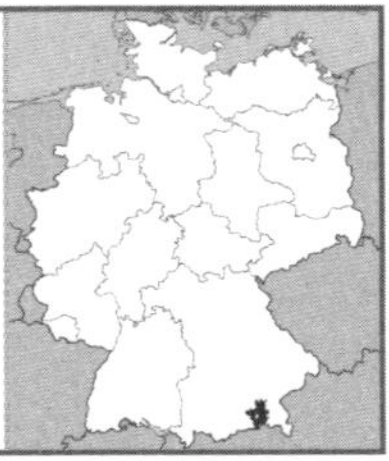

ROW

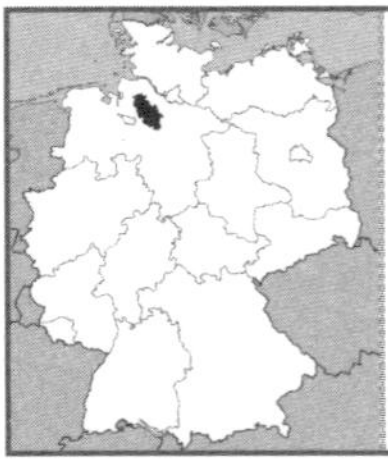

Landkreis Rotenburg (Wümme), Niedersachsen

REAKTION **O**HNE **W**IRKUNG

REISE **O**HNE **W**IEDERKEHR

RUM **O**DER **W**HISKY?

RP

Rhein-Pfalz-Kreis, Rheinland-Pfalz

RÜDES **P**ACK

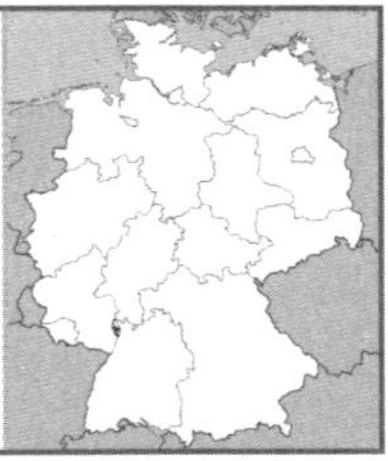

RPL

Rheinland-Pfalz, Landesregierung

RAST **P**ERMANENT **L**INKS

RS

Stadt Remscheid, Nordrhein-Westfalen

ROLLENDE **S**CHNECKE

RT

Landkreis Reutlingen, Baden-Württemberg

RASANTER **T**EPPICHFLIEGER

REINE **T**AKTIK

R

RÜD

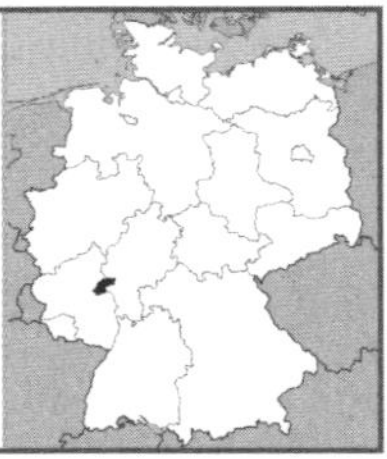

Rheingau-Taunus-Kreis (Rüdesheim), Hessen

RECHTS **Ü**BERHOLENDER **D**EPP

RUHESTÄNDLER **Ü**BERLEGT **D**REIMAL

RV

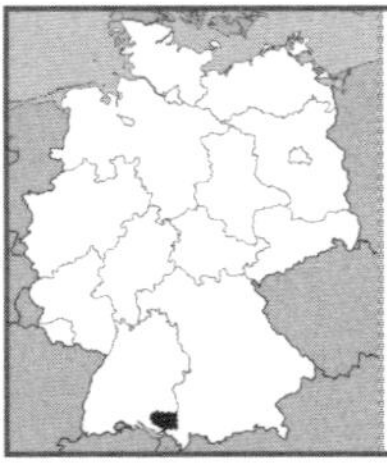

Landkreis Ravensburg, Baden-Württemberg

RABIATER **V**ERFOLGER

RASENDE **V**ERLIERER

RESTHIRN **V**ERKAUFT

RW

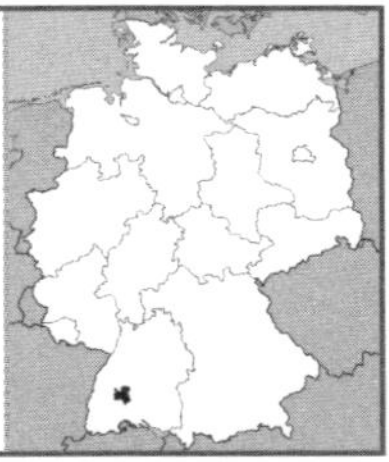

Landkreis Rottweil, Baden-Württemberg

RINDER**W**AHNSINN

RÜCKSICHTSLOSE **W**ILDE

RZ

Kreis Herzogtum Lauenburg (Ratzeburg), Schleswig-Holstein

ROLLENDE **Z**EITBOMBE

RÜDE **Z**EITGENOSSEN

_ _ _ _ _ _ _ _ _ _ _ _ _ _ _ _

S

S

Stadt Stuttgart, Baden-Württemberg

SACHBESCHÄDIGER

SONNTAGSFAHRER

STAUBOY

_ _ _ _ _ _ _ _ _ _ _ _ _ _ _ _

S

SAD

Landkreis Schwandorf, Bayern

SAU **A**UF **D**URCHREISE

SCHNELL **A**BER **D**UMM

SCHWER **A**M **D**RÜCKEN

____

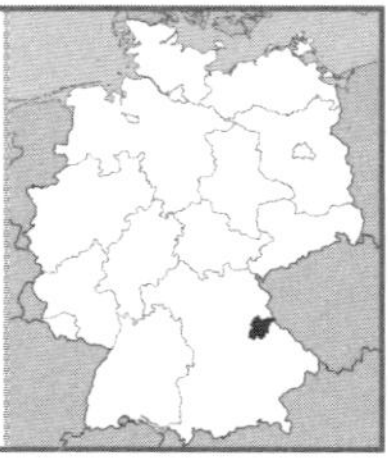

SAL

Saarland, Landesregierung

SACK **A**M **L**ENKRAD

____

SAW

Altmarkkreis Salzwedel, Sachsen-Anhalt

SCHWEIN **A**UF **W**ANDERSCHAFT

____

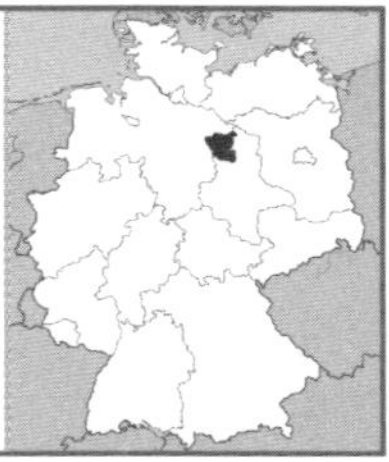

SB

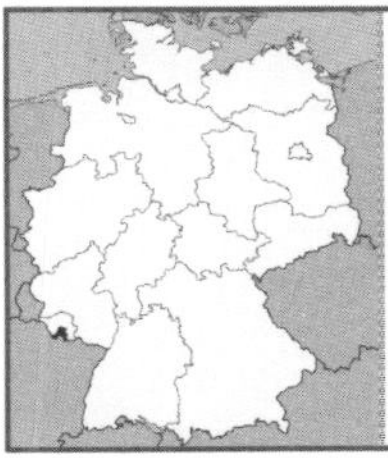

Regionalverband Saarbrücken, Saarland

SALLE **B**OCHE *(= BLÖDER DEUTSCHER)*

SCHLEICHENDER **B**EAMTER

____

SC

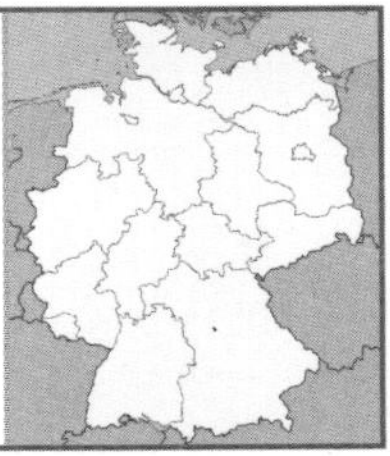

Stadt Schwabach, Bayern

SCHNECKEN-**C**HECKER

____

SDL

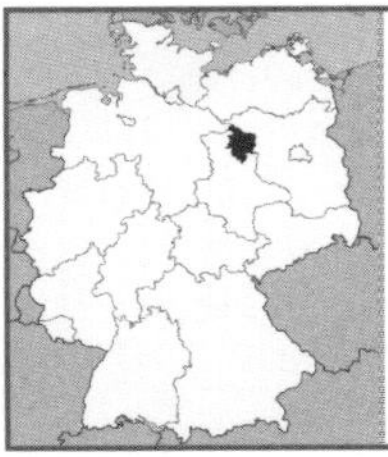

Landkreis Stendal, Sachsen-Anhalt

SAU**D**UMME **L**EUTE

STÖRFAKTOR **D**EUTSCHER **L**ANDSTRASSEN

____

SE

Kreis Segeberg, Schleswig-Holstein

SCHÄMT **E**UCH!

SCHLÄFT **E**WIG

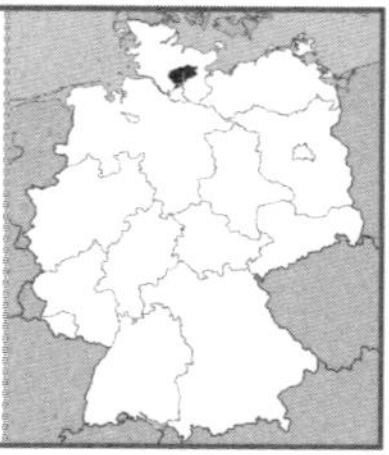

SG

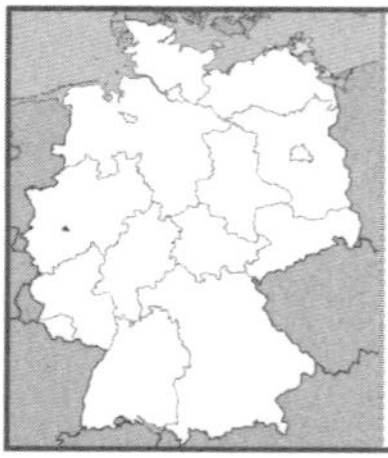

Stadt Solingen, Nordrhein-Westfalen

SUPER**G**AU

SH

Schleswig-Holstein, Landesregierung

SEIFENKISTEN**H**ELD

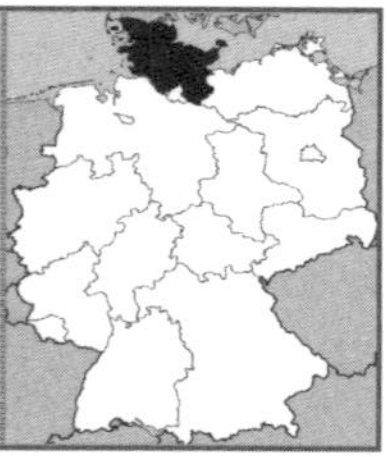

SHA

Landkreis Schwäbisch Hall, Baden-Württemberg

SÄUFER, **H**UREN, **A**SOZIALE

SCHWEIN **H**AT **A**USGANG

SPERRT **H**ALBE **A**UTOBAHN

____

SHG

Landkreis Schaumburg (Stadthagen), Niedersachsen

SÄUFER, **H**UREN, **G**ANOVEN

SCHIEBT **H**ALT **G**ERN

____

SHK

Saale-Holzland-Kreis, Thüringen

SAALE-**H**OLZ**K**OPF

____

S

SHL

Stadt Suhl, Thüringen

SONNTAGSFAHRER **H**ÄLT **L**ENKRAD

SOZIAL**H**ILFE**L**AND

____

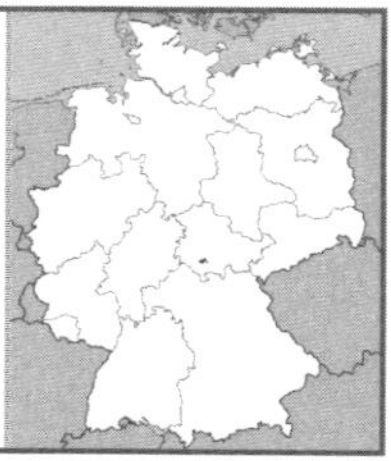

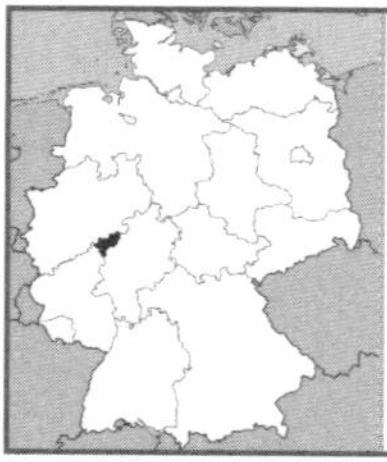

SI

Kreis Siegen-Wittgenstein, Nordrhein-Westfalen

STADTBEKANNTER **I**RRER

SUCHE **I**NTELLIGENZ

____

SIG

Landkreis Sigmaringen, Baden-Württemberg

SCHLAFWAGEN **I**N **G**EBRAUCH

____

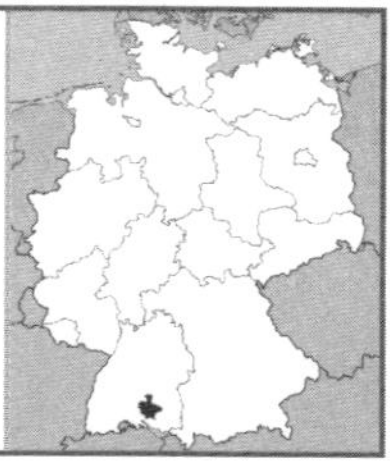

SIM

Rhein-Hunsrück-Kreis (Simmern), Rheinland-Pfalz

SYSTEM **I**ST **M**ARODE

____

SK

Saalekreis, Sachsen-Anhalt

SCHÄBIGER **K**ERL

____

SL

Kreis Schleswig-Flensburg, Schleswig-Holstein

SAUSENDER **L**ACKAFFE

SÜ**DL**APPLAND

____

S

SLF

Landkreis Saalfeld-Rudolstadt, Thüringen

SAALFELD **L**ERNT **F**AHREN

____

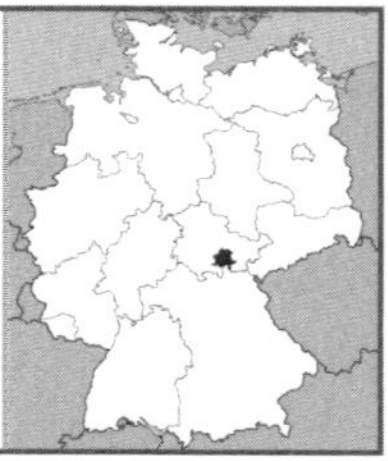

SLK

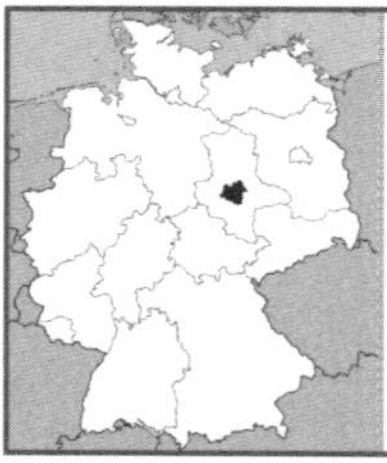

Salzlandkreis, Sachsen-Anhalt

STUMPF **L**AUT **K**NATTERND

SUCHT **L**ETZTE **K**RAFTRESERVEN

____

SLS

Landkreis Saarlouis, Saarland

SAARLÄNDISCHE **L**ENKRAD-**S**AU

SAMMELT **L**AUTER **S**TRAFMANDATE

____

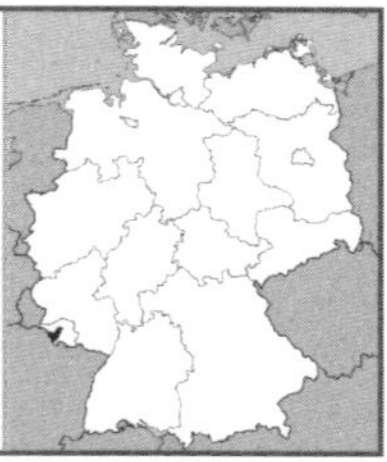

SM

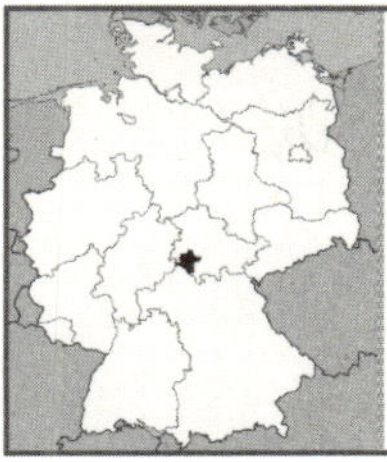

Landkreis Schmalkalden-Meiningen, Thüringen

SELBST**M**ÖRDER

____

SN

Stadt Schwerin, Mecklenburg-Vorpommern

SELTEN **N**ÜCHTERN

____

SO

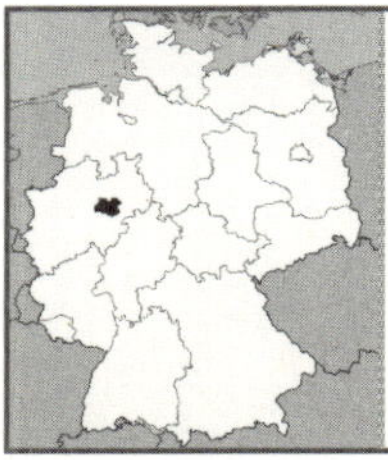

Kreis Soest, Nordrhein-Westfalen

SOLCHE **O**CHSEN

____

S

SOK

Saale-Orla-Kreis, Thüringen

SOLLTE **O**HRFEIGEN **K**RIEGEN

____

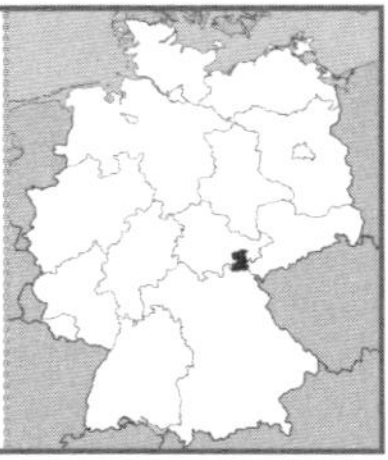

SÖM

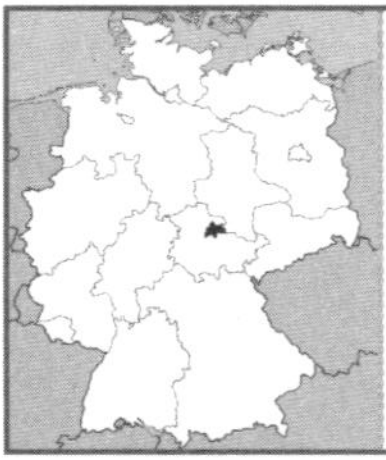

Landkreis Sömmerda, Thüringen

SCHLÄFT **Ö**FTERS **M**AL

____

SON

Landkreis Sonneberg, Thüringen

SACK **O**HNE **N**ACHSICHT

SIEHT **O**FFENBAR **N**ICHTS

____

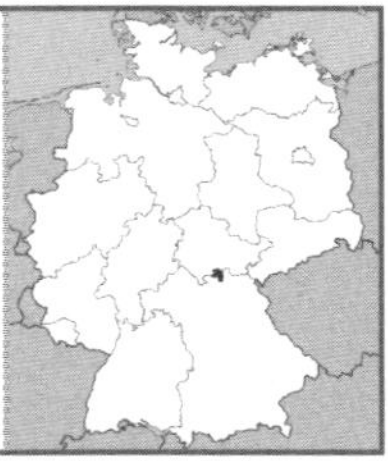

SP

Stadt Speyer, Rheinland-Pfalz

SCHWERE **P**ARANOIA

SIEBEN **P**ROMILLE

SPINNER **P**ENNT

SPN

Landkreis Spree-Neiße, Brandenburg

SORBISCH-**P**OLNISCHES

NOTSTANDSGEBIET

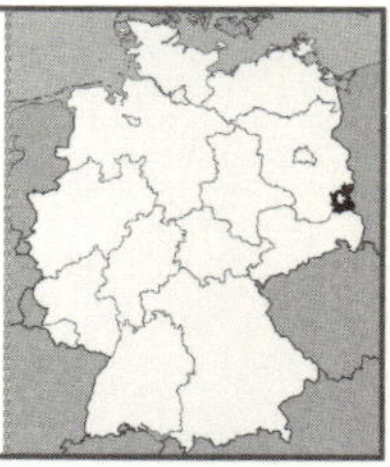

SR

Stadt Straubing/Landkreis Straubing-Bogen, Bayern

SICHERHEITS**R**ISIKO

SHIT-**R**AUCHER

S

ST

Kreis Steinfurt, Nordrhein-Westfalen

SICHERER **T**OD

STRASSEN**T**ROTTEL

SÜD**T**EXAS

____

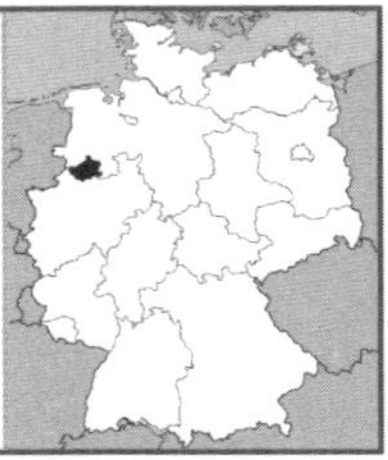

STA

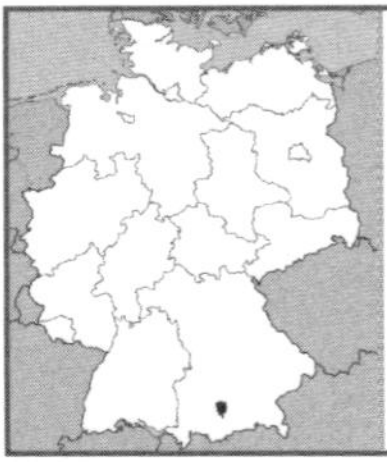

Landkreis Starnberg, Bayern

SCHEISSE, **T**OTALER **A**NFÄNGER

____

STD

Landkreis Stade, Niedersachsen

SIE **T**ÖTEN **D**ICH

STRESSIGER **T**RAUMTÄNZER **D**RÄNGELT

____

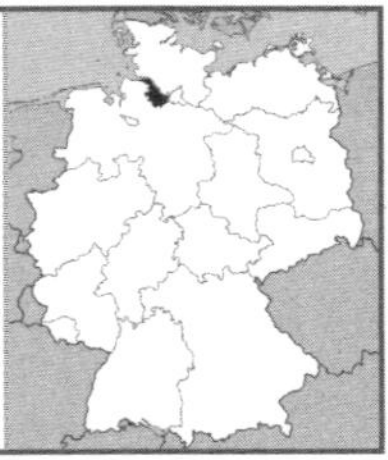

SU

Rhein-Sieg-Kreis (Siegburg), Nordrhein-Westfalen

SAU **U**NTERWEGS

SUCHE **U**NFALL

SÜW

Landkreis Südliche Weinstraße, Rheinland-Pfalz

SIE **Ü**BEN **W**IEDER

SW

Stadt/Landkreis Schweinfurt, Bayern

SCHLAF **W**EITER

SPINNERTER **W**ÜTERICH

S

SZ

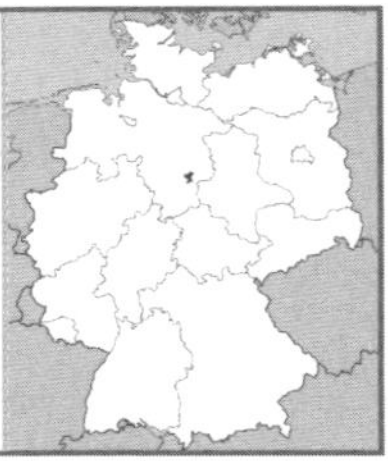

Stadt Salzgitter, Niedersachsen

SPÄT**Z**ÜNDER

____

T

TBB

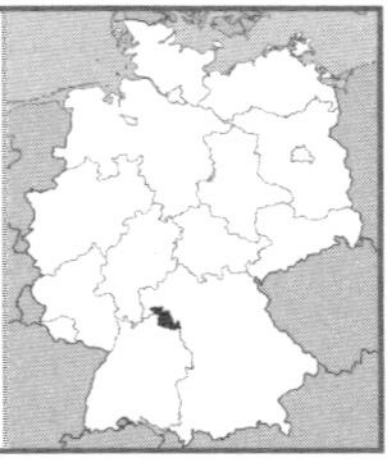

Main-Tauber-Kreis (Tauberbischofsheim), Baden-Württemberg

TAUB, **B**LIND, **B**LÖD

TAUSEND **B**LÖDE **B**AUERN

____

TDO

Landkreis Nordsachsen (Torgau, Delitzsch, Oschatz), Sachsen

TAUSEND **D**OOFE **O**SSIS

TIEFSCHLAF **D**URCH **O**PIUM

TF

Landkreis Teltow-Fläming, Brandenburg

TIEF**F**LIEGER

TÖLPELHAFTE **F**AHRWEISE

TOTAL **F**AUL

THL

Thüringen, Landesregierung

TANTCHENS **H**EISSER **L**IEBLING

T

THW

Bundesanstalt Technisches Hilfswerk

TAUSEND **H**ILFLOSE **W**ICHTEL

TRINKEN, **H**ELFEN, **W**EITERSAUFEN

____

TIR

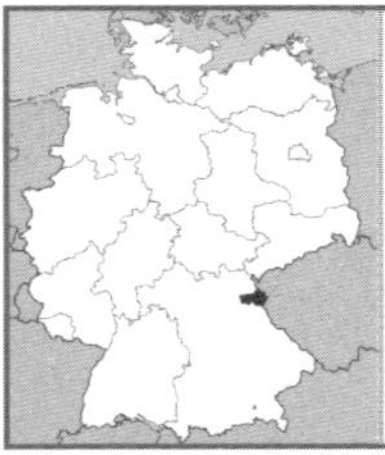

Landkreis Tirschenreuth, Bayern

TOD **I**M **R**ÜCKSPIEGEL

TROTTEL **I**M **R**EGEN

____

TÖL

Landkreis Bad Tölz-Wolfratshausen, Bayern

TÖLPEL

____

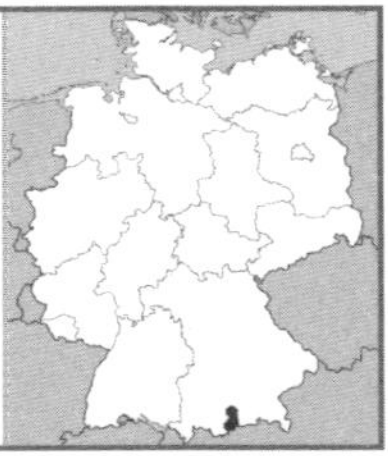

TR

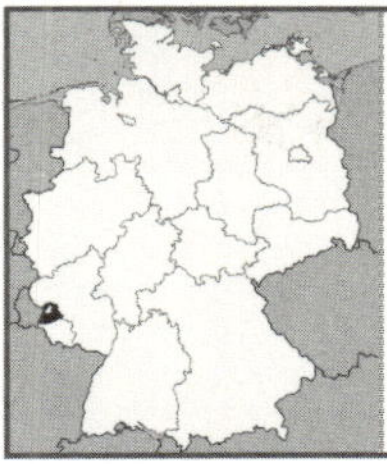

Stadt Trier/Landkreis Trier-Saarburg, Rheinland-Pfalz

TABLETTEN **R**EINGEWORFEN

TOBSÜCHTIGER **R**AUDI

TS

Landkreis Traunstein, Bayern

TOTAL **S**CHLECHT

TROSTLOSE **S**HOW

TÜ

Landkreis Tübingen, Baden-Württemberg

TRANSPORTABLES **Ü**BERBLEIBSEL

TROTTEL **Ü**BT

T

TUT

Landkreis Tuttlingen, Baden-Württemberg

TRINKFEST **U**ND **T**REFFSICHER

_ _ _ _ _ _ _ _ _ _ _ _ _ _ _ _ _ _

U/V

UE

Landkreis Uelzen, Niedersachsen

UNVERSCHÄMTER **E**GOMANE

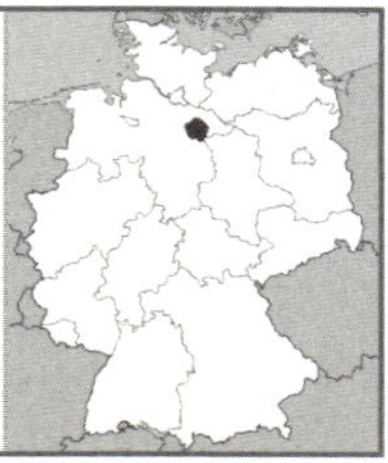

_ _ _ _ _ _ _ _ _ _ _ _ _ _ _ _ _ _

UH

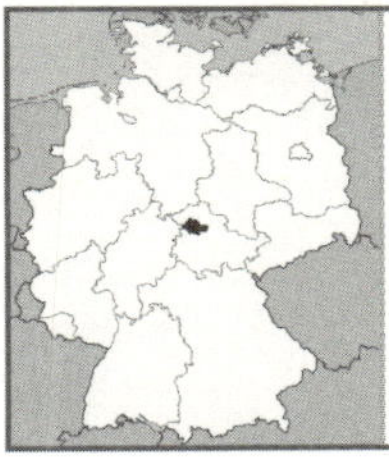

Unstrut-Hainich-Kreis, Thüringen

UNTERBELICHTETER **H**INTERWÄLDLER

____

UL

Stadt Ulm/Alb-Donau-Kreis, Baden-Württemberg

UNTERSTES **L**EVEL

____

UM

Landkreis Uckermark, Brandenburg

UNFÄHIGE **M**UTTI

UNFALL **M**ÖGLICH

UNTER**M**ENSCH

____

U/V

UN

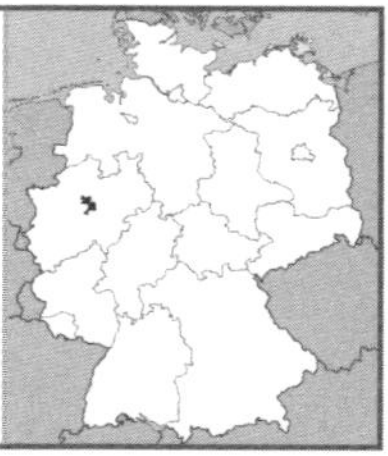

Kreis Unna, Nordrhein-Westfalen

UNFALL **N**AHT

UNSERE **N**ARREN

____

V

V

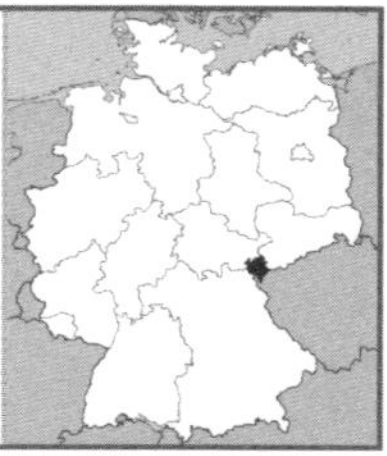

Vogtlandkreis, Sachsen

VERSAGER

VOLLPFOSTEN

VORSICHT!!!

____

VB

Vogelsbergkreis, Hessen

VOLLKOMMENE **B**LÖDMÄNNER

VEC

Landkreis Vechta, Niedersachsen

VERBLÖDETER **E**LCH-**C**LUB

VEREIN **E**HEMALIGER **C**HRISTEN

VER

Landkreis Verden, Niedersachsen

VERKACKT

VORNE **E**IN **R**INDVIEH

V

VG

Landkreis Vorpommern-Greifswald,
Mecklenburg-Vorpommern

VERDAMMT **G**EFÄHRLICH

VOLKS**G**ENOSSE

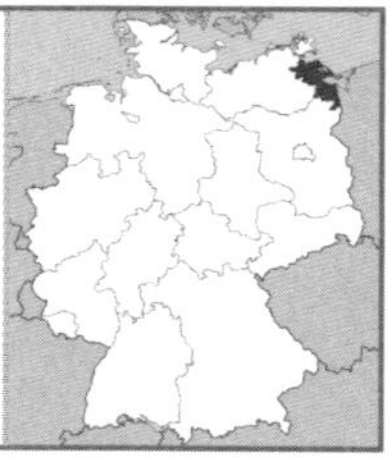

VIE

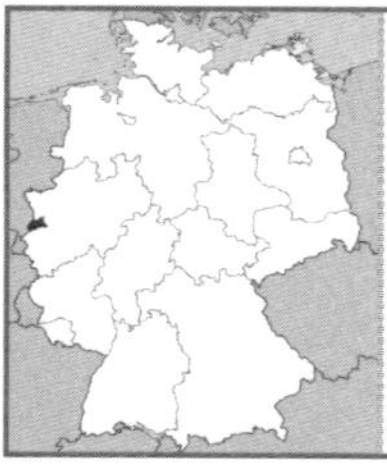

Kreis Viersen, Nordrhein-Westfalen

VERFALLSDATUM **I**ST **E**RREICHT

VOLLIDIOT **I**N **E**ILE

VK

Stadt Völklingen, Saarland

VOLLE **K**ANNE

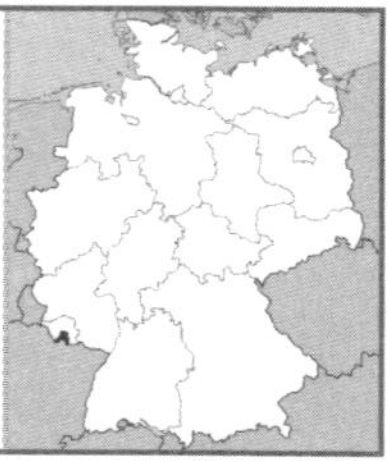

VR

Landkreis Vorpommern-Rügen,
Mecklenburg-Vorpommern

VERACHTET **R**EGELN

VORPOMMERN-**R**ÜPEL

VS

Schwarzwald-Baar-Kreis (Villingen-Schwenningen),
Baden-Württemberg

VERIRRTER **S**CHWACHKOPF

VORSICHT **S**CHWARZWÄLDER!

W

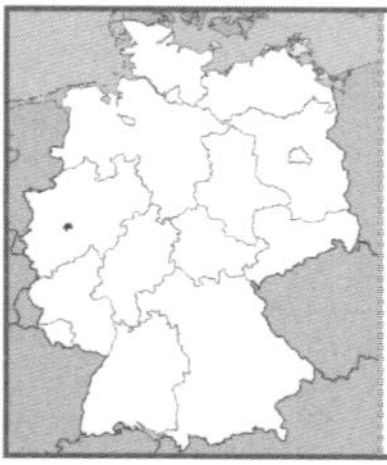

W

Stadt Wuppertal, Nordrhein-Westfalen

WÜTERICH

____

WAF

Kreis Warendorf, Nordrhein-Westfalen

WALZT **A**LLES **F**LACH

WARTE **A**UF **F**AHRBEFEHL

WILDER **A**FFE **F**ÄHRT

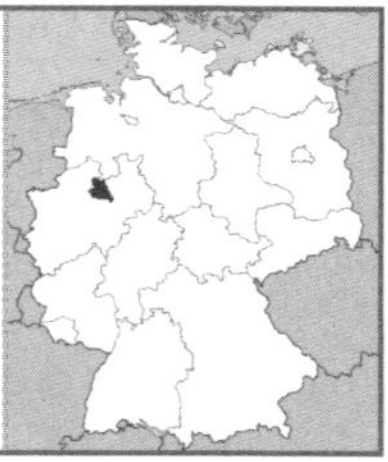

____

WAK

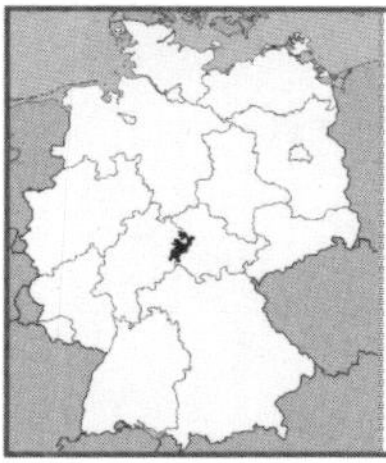

Wartburgkreis, Thüringen

WAREN **A**UCH **K**OMMUNISTEN

WESSI-**A**BWEHR-**K**OMMANDO

WB

Landkreis Wittenberg, Sachsen-Anhalt

WALD**B**EWOHNER

WISSENS**B**ESCHRÄNKT

WUT**B**ÜRGER

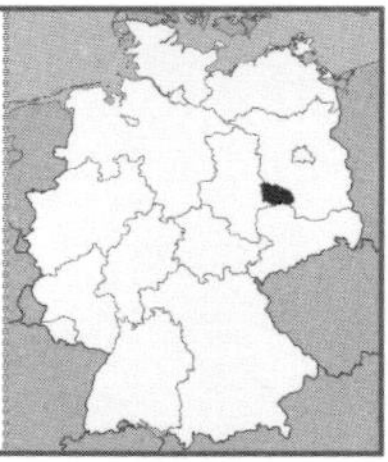

WE

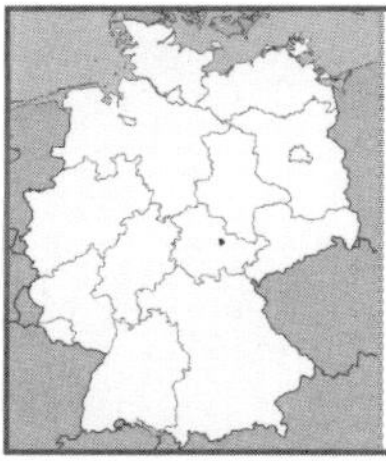

Stadt Weimar, Thüringen

WACHKOMA **E**INGELEITET

W

WEN

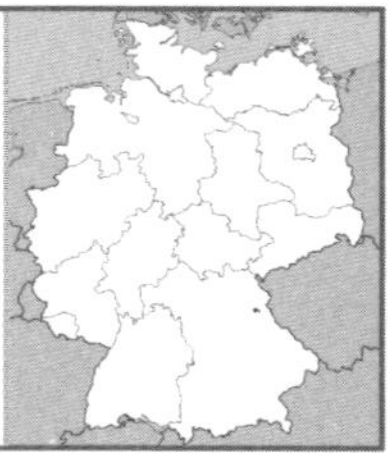

Stadt Weiden in der Oberpfalz, Bayern

WER **E**HER **N**ACHGIBT

_ _ _ _ _ _ _ _ _ _ _ _ _ _ _ _ _ _

WES

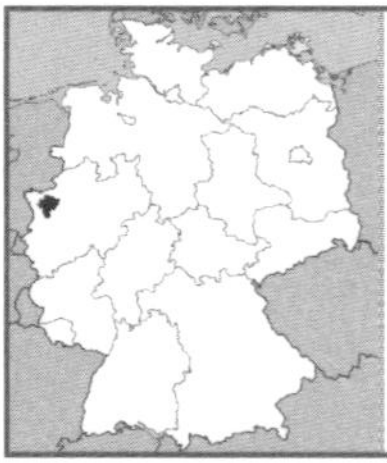

Kreis Wesel, Nordrhein-Westfalen

WAHNSINNIG, **E**IGENWILLIG, **S**CHNELL

WINZIGE **E**NERGIE**S**CHÜBE

_ _ _ _ _ _ _ _ _ _ _ _ _ _ _ _ _ _

WF

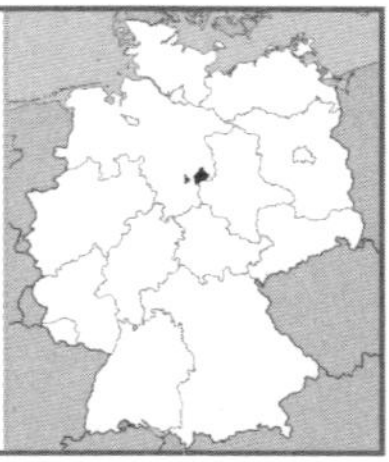

Landkreis Wolfenbüttel, Niedersachsen

WILDER **F**AHRER

_ _ _ _ _ _ _ _ _ _ _ _ _ _ _ _ _ _

WHV

Stadt Wilhelmshaven, Niedersachsen

WIR **H**ABEN **V**ORFAHRT

WIR **H**INTERLASSEN **V**ERLETZTE

____

WI

Stadt Wiesbaden, Hessen

WEITGEHEND **I**SOLIERT

____

WIL

Landkreis Bernkastel-Wittlich, Rheinland-Pfalz

WILDSCHWEIN IM **L**ANDE

____

W

WL

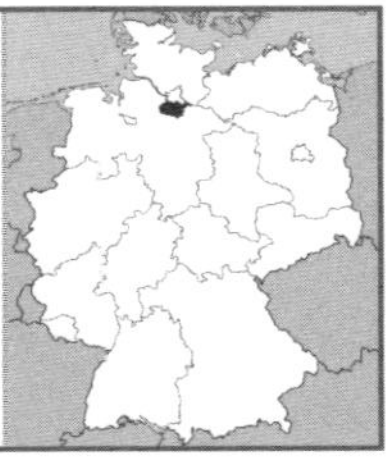

Landkreis Harburg (Winsen (Luhe)), Niedersachsen

WICHSENDES **L**ANDEI

WILDGEWORDENER **L**ANDSTREICHER

WM

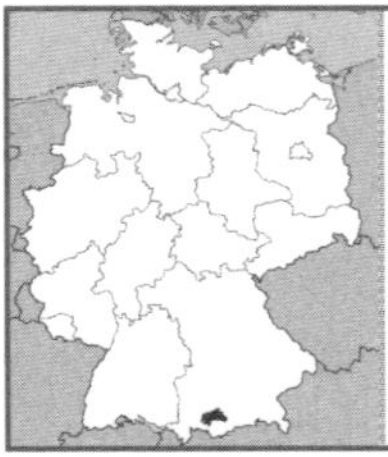

Landkreis Weilheim-Schongau, Bayern

WER'S **M**AG

WÜTENDE **M**ÖRDER

WN

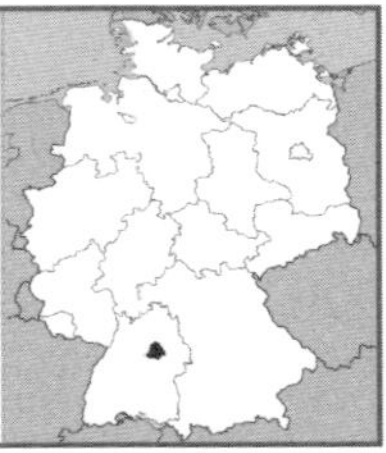

Rems-Murr-Kreis (Waiblingen), Baden-Württemberg

WAHNSINNIG **N**EUROTISCH

WND

Landkreis St. Wendel, Saarland

WIEDER **N**ACH **D**EUTSCHLAND

____

WO

Stadt Worms, Rheinland-Pfalz

WILDER **O**CHSE

____

WOB

Stadt Wolfsburg, Niedersachsen

WEG **O**DER'S **B**UMST!

WILDER **O**HNE **B**ILDUNG

____

W

WST

Landkreis Ammerland (Westerstede), Niedersachsen

WIR **S**AUFEN **T**ROTZDEM

WT

Landkreis Waldshut, Baden-Württemberg

WIEDER **T**HEATER

WOHLFÜHL**T**EMPO

WÜTENDER **T**ROTTEL

WTM

Landkreis Wittmund, Niedersachsen

WIR **T**ERRORISIEREN **M**ENSCHEN

WIR **T**RINKEN **M**ILCH

WÜ

Stadt/Landkreis Würzburg, Bayern

WEITER **Ü**BEN

WOANDERS **Ü**BERFLÜSSIG

____

WUG

Landkreis Weißenburg-Gunzenhausen, Bayern

WERDE **U**NUNTERBROCHEN **G**EBLITZT

WINDBEUTEL **U**ND **G**AUNER

WÜTEND **U**ND **G**NADENLOS

____

WUN

Landkreis Wunsiedel im Fichtelgebirge, Bayern

WALDSCHRAT **U**NTER **N**ATURSCHUTZ

____

W

WW

Westerwaldkreis, Rheinland-Pfalz

WILDER **W**UTZ

____

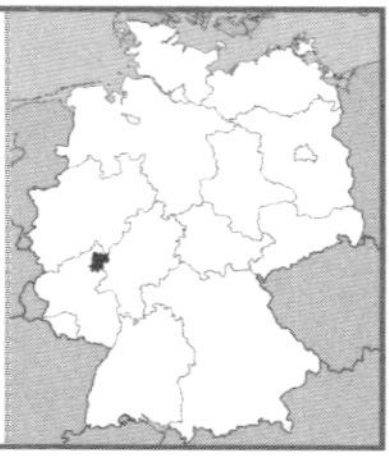

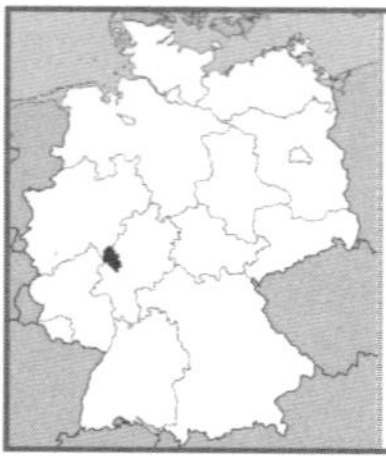

WZ

Stadt Wetzlar, Hessen

WILDE **Z**ECHER

____

X/Y/Z

X

Internationale Hauptquartiere (NATO)

DIESE ARMEN LEUTE LASSEN SICH SO LEICHT EIN **X** FÜR DAS RICHTIGE **U** VORMACHEN, DA VERBIETET SICH AUS MITLEID EIGENTLICH JEDE HÄME.

____

Y

Bundeswehr

DIE SOLDATEN HABEN EBENFALLS KEINE SCHNELLEN FAHRZEUGE. DAS Y AUF DEM NUMMERNSCHILD IST EBEN »DAS ENDE VON GERMAN**Y**«

____

Z

Z

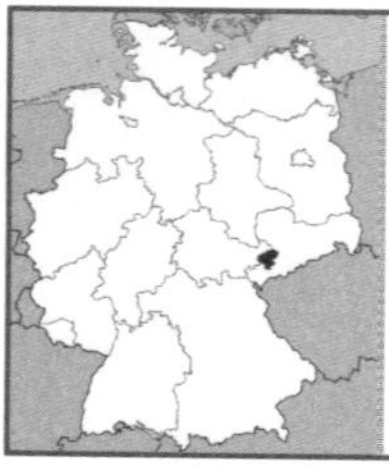

Landkreis Zwickau, Sachsen

ZAUDERER

ZUDRINGLICH

____

ZW

Stadt/Landkreis Zweibrücken, Rheinland-Pfalz

ZWETSCHGEN **W**ILLI

____

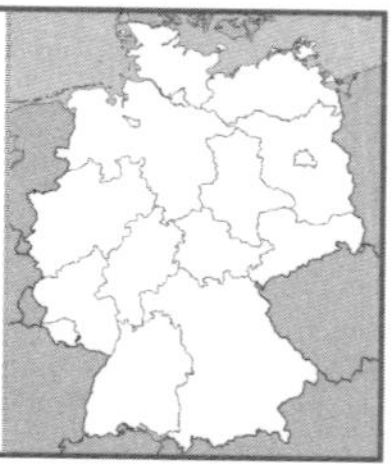

ÖSTERREICH

VORARLBERG
TIROL
SALZBURG
OBERÖSTERREICH
NIEDERÖSTERREICH
W
STEIERMARK
KÄRNTEN
TIROL
LAND

@#%!

A

A

Bundespräsidenten, Präsidenten des Nationalrates, Präsidenten des Bundesrates, Mitglieder der Bundesregierung, Staatssekretäre, Mitglieder der Volksanwaltschaft, Präsidenten oder Vizepräsidenten des Rechnungshofes, des Verfassungsgerichtshofes und des Obersten Gerichtshofes

AUFPUDLER

AUNZARAH

AM

Amstetten, Niederösterreich

ABSOLUT

MINDERBEMITTELT

B

B

Land Burgenland

BAAMOFF

BETTBRUNZA

BD

Bundesbusdienst

BAGAGEN**D**IENER

BESONDERS **D**EPPERT

B

Bregenz, Vorarlberg

BAZI

BH

Bundesheer

BEWAFFNETE **H**EKTIKER

BUNDES**H**UDLER

BB

Österreichische Bundesbahnen

BETRIEBS**B**REMSE

BOCKIGER **B**AUER

BL

Bruck an der Leitha, Niederösterreich

BELEIDIGTE

LEBERWURST

B

BM

Bruck-Mürzzuschlag, Steiermark

BEREIFTER **M**ÖRDER

BR

Braunau am Inn, Oberösterreich

BRUTALER **R**ABIATOR

BN

Baden, Niederösterreich

BREMST **N**UR

BZ

Bludenz, Vorarlberg

BESONDERS **Z**AGHAFT

BP

Bundespolizei

BRUCH**P**ILOT

BULLEN**P**ANZER

D/E

DL

Deutschlandsberg, Steiermark

DUMMES **L**ANDEI

DO

Dornbirn, Vorarlberg

DOOFER **O**PA

E

Eisenstadt, Burgenland

EINEDRAHRA

ESELTREIBER

EF

Eferding, Oberösterreich

ESEL**F**URZER

EU

Eisenstadt-Umgebung, Burgenland

ECHT **U**NGLAUBLICH

F

FE

Feldkirchen, Kärnten

FÄHRT **E**IGENWILLIG

FR

Freistadt, Oberösterreich

FAHRENDES **R**ISIKO

FK

Feldkirch, Vorarlberg

FETTER **K**NÖDEL

FV

Finanzverwaltung, Österreich

FAULER **V**EREIN

FLOCKEN**V**ERNICHTER

G

G

Graz, Steiermark

GFRAST
GMORDROTTL
GRAULER

GF

Gänserndorf, Niederösterreich

GAUNER **F**LÜCHTET

GB

Gröbming, Steiermark

GAFFENDER **B**EMSL

GM

Gmunden, Oberösterreich

GROB**M**OTORIKER

GD

Gmünd, Niederösterreich

GASPEDAL **D**EFEKT

GR

Grieskirchen, Oberösterreich

GEHT'S **R**ADELN

G/H

GS

Güssing, Burgenland

GEHÖRNTER **S**ANDLER

HA

Hallein, Salzburg

HIRN**A**MPUTIERTER

GU

Graz-Umgebung, Steiermark

GEMÜTLICH **U**NTERWEGS

HE

Hermagor, Kärnten

HEIMLICH
EINGESCHLAFEN
HEULSUSE

HF

Hartberg-Fürstenfeld, Steiermark

HALODRIAN **F**ÄHRT

H/I

HL

Hollabrunn, Niederösterreich

HINTERHÄLTIGER **L**UMP

I

Innsbruck, Tirol

INTELLIGENZALLERGIKER

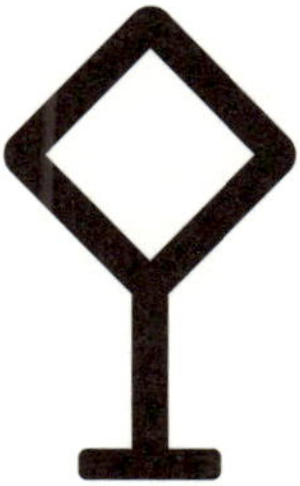

IL

Innsbruck-Land, Tirol

IMMER **L**AHM

HO

Horn, Niederösterreich

HORN**O**CHSE

IM

Imst, Tirol

IMMER **M**ÜDE

J/K

JE

Jennersdorf, Burgenland

JESSES MARIA!

K

Klagenfurt am Wörthersee, Kärnten

KNÖDELAKADEMIKER

KRACHWURZN

JO

St. Johann im Pongau, Salzburg

JUCHTEN **O**ARSCH

K

Land Kärnten

KARAMBOLEUR

JW

Justizwache

JUSTIZ-**W**ÜRSTE

KB

Kitzbühel, Tirol

KEIN **B**ENEHMEN

K

KI

Kirchdorf an der Krems, Oberösterreich

KRASSE **I**NKOMPETENZ

KR

Krems-Land, Niederösterreich

KRAWALL-**R**AUDI

KL

Klagenfurt-Land, Kärnten

KRIECHENDE **L**USCHE

KS

Krems an der Donau, Niederösterreich

KRIECHENDER **S**UDERER

KO

Korneuburg, Niederösterreich

KNAUSRIGER **O**ARSCH

KU

Kufstein, Tirol

KULTURELL
UNTERBELICHTET

L

L

Linz, Oberösterreich

LAIE

LAUSER

LB

Leibnitz, Steiermark

LAUNISCHER **B**ARTL

LETHARGISCHE **B**IXN

LA

Landeck, Tirol

LAUTER **A**RSCHLÖCHER

LUSTLOSER **A**MATEUR

LE

Leoben, Steiermark

LÄSTIGER **E**INZELLER

LF

Lilienfeld, Niederösterreich

LANGSAM**F**AHRER

LÜCKEN**F**ÜLLER

L

LI

Liezen, Steiermark

LEIDER **I**NKOMPETENT

LZ

Lienz, Tirol

LACK**Z**ERSTÖRER

LL

Linz-Land, Oberösterreich

LENKENDE **L**ANDPLAGE

LN

Leoben, Steiermark

LACH**N**UMMER

M

MA

Mattersburg, Burgenland

MEIST **A**NGEFRESSEN

MI

Mistelbach, Niederösterreich

MEGA **I**DIOT

MD

Mödling, Niederösterreich

MECKERT **D**AUERND

MT

Murtal, Steiermark

MÜLL**T**ONNE

ME

Melk, Niederösterreich

MUFFIGER **E**INSIEDLER

MU

Murau, Steiermark

MARODER **U**NTERSATZ

N/O

N

Land Niederösterreich

NERVENSÄGE
NIXKÖNNER
NÖTIGER

O

Land Oberösterreich

OBIDRAHRA

OZONKILLER

ND

Neusiedl am See, Burgenland

NUR **D**ÄMLICH

OP

Oberpullendorf, Burgenland

OBER**P**ENNER

NK

Neunkirchen, Niederösterreich

NULL **K**ONTROLLE

OW

Oberwart, Burgenland

OARSCH **W**ICHTL

OIDE **W**ANZN

P

P

St. Pölten, Niederösterreich

PFEIFENREINIGER

PRIMAT

PL

St. Pölten-Land, Niederösterreich

PENNT **L**ÄNGER

PE

Perg, Oberösterreich

PERSERKER

PFLEGESTUFE **E**LF

PT

Österreichische Post

PLAUDER**T**ASCHE

R/S

RE

Reutte, Tirol

RECHT **E**RBÄRMLICH

S

Salzburg, Salzburg

SCHUBSER

RI

Ried im Innkreis, Oberösterreich

RICHTIG **I**RRE

S

Land Salzburg

STRAWANZER

RO

Rohrbach, Oberösterreich

RAUSCHGIFT-**O**PA

SB

Scheibbs, Niederösterreich

SAU**B**AUER

STAU-**B**ERATER

S

SD

Schärding, Oberösterreich

SCHLAMPIGE **D**ARBIETUNG

SL

Salzburg-Umgebung, Salzburg

STETS **L**ETZTER

SE

Steyr-Land, Oberösterreich

SPÄTE **E**RKENNTNIS

SO

Südoststeiermark, Steiermark

SCHNELLER, **O**IDA!

SP

Spittal an der Drau, Kärnten

SEIFENKISTEN-**P**ILOT

STÄNKERNDER **P**LEAMPL

S

SR

Steyr, Oberösterreich

SCHLEICHENDES
REHRBEITL

SW

Schwechat, Niederösterreich

STÜMPERNDE **W**ARZN
STRUNZDUMMER **W**ICHT
STURES **W**ATSCHNGESICHT

ST

Land Steiermark

SCHWEINE-**T**AXI
STRASSEN**T**ROTTEL

SV

St. Veit an der Glan, Kärnten

STÄNDIGER **V**ERSAGER

SZ

Schwaz, Tirol

SCHILLING-**Z**ÄHLER
SCHNARCHENDE
ZWIDERWURZN

T/U

T

Land Tirol

TATSCHER
TSCHECHARANT
TRANTÜTE

TU

Tulln, Niederösterreich

TENDENZIELL **U**NFÄHIG

TA

Tamsweg, Salzburg

TATTERIGER **A**NFÄNGER
TUMBER **A**UFSCHNEIDER

UU

Urfahr-Umgebung, Oberösterreich

ULTIMATIVE
UNFALLGEFAHR

V

V

Land Vorarlberg

VERHALTENSGESTÖRT
VERWEIGERER
VOLLGASER

VK

Völkermarkt, Kärnten

VERHALTENS**K**OMIKER
VOLL**K**RANK

VB

Vöcklabruck, Oberösterreich

VERBRECHER**B**ANDE

VL

Villach-Land, Kärnten

VERDAMMTER **L**ÜGNER

VI

Villach, Kärnten

VERWIRRTER **I**DIOT

VO

Voitsberg, Steiermark

VERKEHRS**O**PFER

W

W

Wien, Wien

WEGDRÄNGER

WE

Wels, Oberösterreich

WARTET **E**WIG

W

Land Wien

WARMDUSCHER

WL

Wels-Land, Oberösterreich

WATSCHN **L**UDL

WB

Wiener Neustadt-Land, Niederösterreich

WACH**B**IRN
(= WEICHE BIRNE)
WIEDER **B**ESOFFEN

W

WN

Wiener Neustadt, Niederösterreich

WAPPLA **N**ERVT

WU

Wien-Umgebung, Niederösterreich

WASCHLAPPEN **U**NTERWEGS
WOANDERS **U**NERWÜNSCHT
WUNDER

WO

Wolfsberg, Kärnten

WEITER, **O**PA!

WY

Waldhofen an der Ybbs, Niederösterreich

WEINSELIGER **Y**ETI
WILDER **Y**ANKEE

WT

Waldhofen an der Thaya, Niederösterreich

WASERL **T**RÄUMT

WZ

Weiz, Steiermark

WÜTENDE **Z**ENZI

ZE

Zell am See, Salzburg

ZEITIG **E**INGESCHLAFEN

ZT

Zwettl, Niederösterreich

ZWETSCHGEN-**T**ONI

SCHWEIZ

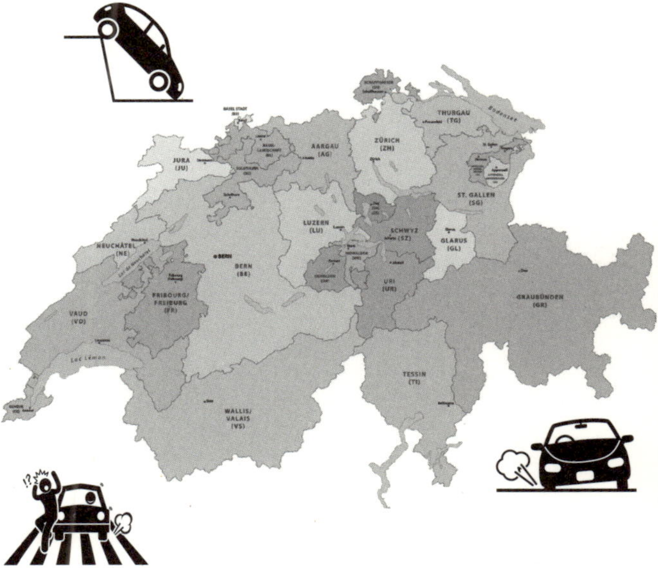

JURA (JU)
AARGAU (AG)
ZÜRICH (ZH)
THURGAU (TG)
Bodensee
ST. GALLEN (SG)
LUZERN (LU)
SCHWYZ (SZ)
GLARUS (GL)
NEUCHÂTEL (NE)
BERN
BERN (BE)
FRIBOURG/ FREIBURG (FR)
VAUD (VD)
Lac Léman
URI (UR)
GRAUBÜNDEN (GR)
TESSIN (TI)
WALLIS/ VALAIS (VS)

A

CH AG

Aargau

ACHTUNG **G**EFAHR

ARG **G**EBEUTELT

CH AI

Appenzell Innerrhoden

ALLES **I**DIOTEN

CH AR

Appenzell Ausserrhoden

ALLZEIT **R**ENITENT

CH BL

Basel-Landschaft

BAUERN**L**ÜMMEL

BERGAFFE **L**ENKT

B/F/G

BS

Basel-Stadt

BLUT **S**CHNÄGG

BORDSTEIN**S**CHWALBE

GE

Genf

GEBIRGS**E**SEL

BE

Bern

BLÖDER **E**MMENTALER

BRAUCHT **E**WIG

GL

Glarus

GLETSCHER**L**UDER

GUETZLI**L**ECKER

FR

Freiburg

FIESER **R**ÜPEL

GR

Graubünden

GEBIRGS**R**OWDY

J/L/N

JU

Jura

JODELT **U**NERMÜDLICH

NE

Neuenburg

NULL **E**INSICHTIG

LU

Luzern

LEIDER **U**NFÄHIG

NW

Nidwalden

NASSFORSCHE **W**ILDSAU

O/S

CH **OW**

Obwalden

OHNE **W**ILLEN

CH **SO**

Solothurn

STRASSEN**O**PFER

CH **SH**

Schaffhausen

SCHNARCH-**H**EIDI

CH **SG**

St. Gallen

SACK**G**ESICHT

SAU**G**OOF *(= ROTZLÖFFEL)*

CH **SZ**

Schwyz

STRASSEN**Z**ECKE

T/U

CH TI

Tessin

TROTZDEM **I**TALIENER

CH UR

Uri

UNFREUNDLICHER **R**ÜPEL

CH TG

Thurgau

TATSÄCHLICH **G**ESTOHLEN

TATTERIGER **G**REIS

V/Z

VD

Waadt

VÖLLIG **D**ÄMLICH

ZG

Zug

ZUGEREISTER

VS

Wallis

VERDAMMTER **S**CHWEIZER

VON **S**INNEN

ZH

Zürich

ZAPPEL**H**EINI

ZWENIG **H**IRN

ALTKENNZEICHEN

Nichts verbindet einen mehr mit der eigenen Stadt oder Gemeinde wie das Nummernschild. So verwundert es auch kaum, dass es immer Menschen gab, die sich für die Wiedereinführung der alten, aufgrund von Verwaltungsreformen abgeschafften Kennzeichen stark gemacht haben. Im November 2012 war es schließlich so weit und viele längst vergessene Kennzeichen konnten wieder beantragt werden. Seitdem muss jemand aus dem hessischen Biedenkopf nicht mehr mit dem MR-Kennzeichen für Marburg herumfahren und jemand aus Krumbach kann sich gegen GZ für den Landkreis Günzburg entscheiden. Lustige Herleitungen sind zu diesen »Nostalgiekennzeichen« keine überliefert. Aus diesem Grund soll an dieser Stelle eine kurze Auflistung und ein Verweis auf den jeweiligen Verwaltungsbezirk genügen.

Altkennzeichen	Verwaltungsbezirk	Stadt/Kreis
AE	V	Auerbach, Sachsen
AH	BOR	Ahaus, Nordrhein-Westfalen
AIB	M/RO	Bad Aibling, Bayern
ALF	HI	Alfeld, Niedersachsen
ALZ	AB	Alzenau in Unterfranken, Bayern
ANA	ERZ	Annaberg, Sachsen
ANG	UM	Angermünde, Brandenburg
ANK	VG	Anklam, Mecklenburg-Vorpommern
APD	AP	Apolda, Thüringen
ARN	IK	Arnstadt, Thüringen
ART	KYF	Artern, Thüringen
ASL	SLK	Aschersleben, Sachsen-Anhalt
ASZ	ERZ	Aue- und Schwarzenberg, Sachsen
AT	DM	Altentreptow, Mecklenburg-Vorpommern
AU	ERZ	Aue, Sachsen
AZE	ABI	Anzahlt-Zerbst, Sachsen-Anhalt
BBG	SLK	Bernburg, Sachsen-Anhalt
BCH	MOS	Buchen, Baden-Württemberg
BE	WAF	Beckum, Nordrhein-Westfahlen
BED	FG	Brand-Erbisdorf, Sachsen
BER	BAR	Bernau, Brandenburg
BF	ST	Burgsteinfurt, Nordrhein-Westfahlen
BGD	BGL	Berchtesgaden, Bayern
BH	RA	Bühl, Baden-Württemberg
BID	MR	Biedenkopf, Hessen
BIN	MZ	Bingen/ Rhein, Rheinland-Pfalz
BIW	BZ	Bischofswerda, Sachsen
BKS	WIL	Bernkastel-Wittlich, Rheinland-Pfalz
BLB	SI	Wittgenstein, Nordrhein-Westfalen
BNA	L	Leipzig, Sachsen
BÖ	BK	Bördekreis, Sachsen-Anhalt
BOH	BOR	Bocholt, Nordrhein-Westfalen
BRG	JL	Burg, Sachsen-Anhalt
BRK	KG	Bad Brückenau, Bayern
BRL	GS	Braunlage, Niedersachsen
BRV	ROW	Bremervörde, Niedersachsen
BSK	LOS	Beeskow, Brandenburg
BTF	ABI	Bitterfeld, Sachsen-Anhalt

BÜD	FB	Büdingen, Hessen
BUL	AS/SAD	Burglengenfeld, Bayern
BÜR	PB	Büren, Nordrhein-Westfahlen
BÜZ	GÜ	Bützow, Mecklenburg-Vorpommern
CA	OSL	Calau, Brandenburg
CAS	RE	Castrop-Rauxel, Nordrhein-Westfalen
CLZ	GS	Clausthal-Zellerfeld, Niedersachsen
CR	SHA	Crailsheim, Baden-Württemberg
DBR	LRO	Bad Doberan, Mecklenburg-Vorpommern
DI	DA	Dieburg, Hessen
DIL	LDK	Dillkreis, Hessen
DIN	WES	Dinslaken, Nordrhein-Westfalen
DIZ	EMS	Diez, Rheinland-Pfalz
DKB	AN	Dinkelsbühl, Bayern
DL	FG	Döbeln, Sachsen
DM	MSE	Demmin, Mecklenburg-Vorpommern
DUD	GÖ	Duderstadt, Niedersachsen
DW	PIR	Dippoldiswalde, Sachsen
DZ	TDO	Delitzsch, Sachsen
EB	TDO	Eilenburg, Sachsen
EBN	HAS	Ebern, Bayern
EBS	BT/FO/KU	Ebermannstadt, Bayern
ECK	RD	Eckernförde, Schleswig-Holstein
EG	PAN	Eggenfelden, Bayern
EH	LOS	Eisenhüttenstadt, Brandenburg
EIL	MSH	Eisleben, Sachsen-Anhalt
EIN	NOM	Einbeck, Niedersachsen
EIS	SHK	Eisenberg, Thüringen
ERK	HS	Erkelenz, Nordrhein-Westfalen
ESB	AS	Eschenbach, Bayern
EW	BAR	Eberswalde, Brandenburg
FDB	AIC	Friedberg, Bayern
FEU	AN	Feuchtwangen, Bayern
FI	EE	Finsterwalde, Brandenburg
FKB	KB	Frankenberg, Hessen
FLÖ	FG	Flöha, Sachsen
FOR	SPN	Forst, Brandenburg
FRW	MOL	Bad Freienwalde, Brandenburg
FTL	PIR	Freital, Sachsen

FÜS	OAL	Füssen, Bayern
FW	LOS	Fürstenwalde, Brandenburg
FZ	HR	Schwalm-Eder-Kreis, Hessen
GA	SAW	Gardelegen, Sachsen-Anhalt
GAN	NOM	Gandersheim, Niedersachsen
GC	Z	Glauchau, Sachsen
GD	AA	Schwäbisch Gmünd, Baden-Württemberg
GDB	NWM	Gadebusch, Mecklenburg-Vorpommern
GEL	KLE	Geldern, Nordrhein-Westfalen
GEO	SW	Gerolzhofen, Bayern
GHA	L	Geithain, Sachsen
GHC	WB	Gräfenhainichen, Sachsen-Anhalt
GK	HS	Geilenkirchen-Heinsberg, Nordrhein-Westfalen
GLA	RE	Gladbeck, Nordrhein-Westfalen
GMN	NVP	Grimmen, Mecklenburg-Vorpommern
GN	MKK	Gelnhausen, Hessen
GNT	JL	Genthin, Sachsen-Anhalt
GOA	SIM	St. Goar, Rheinland-Pfalz
GOH	EMS	Sankt Goarshausen, Rheinland-Pfalz
GRA	FRG	Grafenau, Bayern
GRH	MEI	Großenhain, Sachsen
GRI	PAN	Griesbach/Rottal, Bayern
GRM	L	Grimma, Sachsen
GÜ	LRO	Güstrow, Mecklenburg-Vorpommern
GUB	SPN	Guben, Brandenburg
GUN	WUG	Gunzenhausen, Bayern
GV	NE	Grevenbroich, Nordrhein-Westfalen
GVM	NWM	Grevesmühlen, Mecklenburg-Vorpommern
GW	VG	Greifswald, Mecklenburg-Vorpommern
HAB	KG	Hammelburg, Bayern
HBS	HZ	Halberstadt, Sachsen-Anhalt
HC	FG	Hainichen, Sachsen
HCH	BL	Hechingen, Baden-Württemberg
HDL	BK	Haldensleben, Sachsen-Anhalt
HEB	LAU	Hersbruck, Bayern
HET	MSH	Hettstedt, Sachsen-Anhalt
HGN	LUP	Hagenow, Mecklenburg-Vorpommern
HHM	BLK	Hohenmölsen, Sachsen-Anhalt
HIG	EIC	Heilbad Heiligenstadt, Thüringen

HIP	RH	Hilpolstein, Bayern
HMÜ	GÖ	Hannoversch Münden, Niedersachsen
HOG	KS	Hofgeismar, Hessen
HOH	HAS	Hofheim in Unterfranken, Bayern
HOR	FDS	Horb, Baden-Württemberg
HÖS	ERH	Höchstadt an der Aisch, Bayern
HOT	Z	Hohenstein-Ernstthal, Sachsen
HV	SDL	Havelberg, Sachsen-Anhalt
HY	BZ	Hoyerswerda, Sachsen
IL	IK	Ilmenau, Thüringen
ILL	NU	Illertissen, Bayern
JE	WB	Jessen, Sachsen-Anhalt
JÜL	DN	Jülich, Nordrhein-Westfalen
KEL	OG	Kehl, Baden-Württemberg
KEM	BT/TIR	Kemnath, Bayern
KK	VIE	Kempen-Krefeld, Nordrhein-Westfalen
KLZ	SAW	Klötze, Sachsen-Anhalt
KM	BZ	Kamenz, Sachsen
KÖN	LIS	Königshofen, Bayern
KÖT	ABI	Köthen, Sachsen-Anhalt
KÖZ	CHA	Kötzting, Bayern
KRU	GZ	Krumbach, Bayern
KW	LDS	Dahme-Spreewald, Brandenburg
KY	OPR	Kyritz, Brandenburg
LAN	DGF	Landau an der Isar, Bayern
LBS	SOK	Bad Lobenstein, Thüringen
LBZ	LUP	Lübz, Mecklenburg-Vorpommern
LC	LDS	Luckau, Brandenburg
LEO	BB	Leonberg, Baden-Württemberg
LF	BGL/AÖ/TS	Laufen (Salzach), Bayern
LH	COE/UN	Lüdinghausen, Nordrhein-Westfalen
LIB	EE	Bad Liebenwerda, Brandenburg
LN	LDS	Lübben (Spreewald), Brandenburg
LÖB	GR	Löbau, Sachsen
LP	SO	Lippstadt, Nordrhein-Westfalen
LR	OG	Lahr, Baden-Württemberg
LSZ	UH	Bad Langensalza, Thüringen
LÜN	UN	Lünen, Nordrhein-Westfalen
LWL	LUP	Ludwigslust, Mecklenburg-Vorpommern

MAB	ERZ	Marienberg, Sachsen
MAI	KEH	Mainburg, Bayern
MAK	WUN	Marktredwitz, Bayern
MAL	LA	Mallersdorf, Bayern
MC	DM	Malchin, Mecklenburg-Vorpommern
MED	HEI	Meldorf, Schleswig-Holstein
MEG	HR	Melsungen, Hessen
MEK	ERZ	Mittlerer Erzgebirgskreis, Sachsen
MER	SK	Merseburg, Sachsen-Anhalt
MET	LIS	Mellrichstadt, Bayern
MGH	TBB	Bad Mergentheimer, Baden-Württemberg
MGN	SM	Meiningen, Thüringen
MHL	UH	Mühlhausen, Thüringen
ML	MSH	Mansfeld, Sachsen-Anhalt
MO	WES	Moers, Nordrhein-Westfalen
MOD	OAL	Marktoberdorf, Bayern
MON	AC/DN	Monschau, Nordrhein-Westfahlen
MQ	SK	Merseburg-Querfurt, Sachsen-Anhalt
MST	MSE	Mecklenburg-Strelitz, Mecklenburg-Vorpommern
MTL	L	Muldentalkreis, Sachsen
MÜB	BT	Münchberg, Bayern
MÜR	MSE	Müritz, Mecklenburg-Vorpommern
MW	FG	Mittweida, Sachsen
MY	MYK	Mayen, Rheinland-Pfalz
NAB	AS/SAD	Nabburg, Bayern
NAI	HO	Naila, Bayern
NAU	HVL	Nauen, Brandenburg
NEB	BLK	Nebra, Sachsen-Anhalt
NEC	CO	Neustadt bei Coburg, Bayern
NEN	SAD	Neunburg vom Wald, Bayern
NH	SON	Neuhaus am Rennweg, Thüringen
NMB	BLK	Naumburg, Sachsen-Anhalt
NÖ	DON	Nördlingen, Bayern
NOL	GR	Niederschlesischer Oberlausitzkreis, Sachsen
NOR	AUR	Norden, Niedersachsen
NP	OPR	Neuruppin, Brandenburg
NT	ES	Nürtingen, Baden-Württemberg
NVP	VR	Nordvorpommern, Mecklenburg-Vorpommern
NY	GR	Niesky, Sachsen

NZ	MST	Neustrelitz, Mecklenburg-Vorpommern
OBG	SDL	Osterburg, Sachsen-Anhalt
OC	BK	Oschersleben, Sachsen-Anhalt
OCH	WÜ	Ochsenfurt, Bayern
OHA	GÖ	Osterode am Harz, Niedersachsen
ÖHR	KÜN	Öhringen, Baden-Württemberg
OK	BK	Ohrekreis, Sachsen-Anhalt
OP	LEV	Opladen, Nordrhein-Westfalen
OVI	SAD	Oberviechtach, Bayern
OVL	V	Obervogtland, Sachsen
OVP	VG	Ostvorpommern, Mecklenburg-Vorpommern
OZ	TDO	Oschatz, Sachsen
PAR	KEH/NM	Parsberg, Bayern
PCH	LUP	Parchim, Mecklenburg-Vorpommern
PEG	BT/FO/LAU	Pegnitz, Bayern
PL	V	Plauen, Sachsen
PN	SOK	Pößneck, Thüringen
PRÜ	BIT	Prüm (Eifel), Rheinland-Pfalz
PW	UER	Pasewalk, Mecklenburg-Vorpommern
PZ	UM	Prenzlau, Brandenburg
QFT	SK	Querfurt, Sachsen-Anhalt
QLB	HZ	Quedlinburg, Sachsen-Anhalt
RC	V	Reichenbach, Sachsen
RDG	NVP	Ribnitz-Damgarten, Mecklenburg-Vorpommern
REH	WUN	Rehau, Bayern
REI	BGL	Bad Reichenhall, Bayern
RG	MEI	Riesa-Großenhain, Sachsen
RI	SHG	Rinteln, Niedersachsen
RID	KEH	Riedenburg, Bayern
RIE	MEI	Riesa, Sachsen
RL	FG	Rochlitz, Sachsen
RM	MÜR	Röbel/Müritz, Mecklenburg-Vorpommern
RN	HVL	Rathenow, Brandenburg
ROD	CHA/SAD	Roding, Bayern
ROF	HEF	Rotenburg an der Fulda, Hessen
ROK	KIB	Rockenhausen, Rheinland-Pfalz
ROL	KEH	Rottenburg an der Laber, Bayern
ROS	DBR	Rostock Land, Mecklenburg-Vorpommern
ROT	AN	Rothenburg ob der Tauber, Bayern

RSL	DE	Dessau-Roßlau, Sachsen-Anhalt
RU	SLF	Rudolstadt, Thüringen
RÜG	VR	Rügen, Mecklenburg-Vorpommern
SAB	TR	Saarburg, Rheinland-Pfalz
SAN	KC/KUN	Stadtsteinach, Bayern
SBG	VG	Strasburg, Mecklenburg-Vorpommern
SBK	SLK	Schönebeck, Sachsen-Anhalt
SCZ	SOK	Schleiz, Thüringen
SDH	KYF	Sonderhausen, Thüringen
SDT	UM	Schwedt/Oder, Brandenburg
SEB	PIR	Sebnitz, Sachsen
SEE	MOL	Seelow, Brandenburg
SEF	NEA	Scheinfeld, Bayern
SEL	WUN	Selb, Bayern
SFB	OSL	Senftenberg, Brandenburg
SFT	SLK	Staßfurt, Sachsen-Anhalt
SGH	MSH	Sangerhausen, Sachsen-Anhalt
SLE	EU/DN	Schleiden, Nordrhein-Westfalen
SLN	ABG	Schmölln, Thüringen
SLÜ	MKK	Schlüchtern, Hessen
SLZ	WAK	Bad Salzungen, Thüringen
SMÜ	A	Schwabmünchen, Bayern
SOB	ND	Schrobenhausen, Bayern
SOG	WM	Schongau, Bayern
SPB	SPN	Spremberg, Brandenburg
SRB	MOL	Strausberg, Brandenburg
SRO	SHK	Stadtroda, Thüringen
STB	LUP	Sternberg, Mecklenburg-Vorpommern
STE	LIF	Staffelstein, Bayern
STL	ERZ	Stollberg, Sachsen
SUL	AS	Sulzbach-Rosenberg, Bayern
SWA	RÜD	Bad Schwalbach, Hessen
SZB	ERZ	Schwarzenberg, Sachsen
TE	ST	Tecklenburg, Nordrhein-Westfalen
TET	GÜ	Teterow, Mecklenburg-Vorpommern
TG	TDO	Torgau, Sachsen
TO	TDO	Torgau-Oschatz, Sachsen
TP	UM	Templin, Brandenburg
UEM	UER	Ueckermünde, Mecklenburg-Vorpommern

UER	VG	Uecker-Randow, Mecklenburg-Vorpommern
UFF	NEA	Uffenheim, Bayern
USI	HG	Usingen, Hessen
VAI	LB	Vaihingen an der Enz, Baden-Württemberg
VIB	PAN	Vilsbiburg, Bayern
VOH	NEW	Vohenstrauß, Bayern
WA	KB	Waldeck, Hessen
WAN	HER	Wanne-Eickel, Nordrhein-Westfalen
WAT	BOR	Wattenscheid, Nordrhein-Westfalen
WBS	EIC	Leinenfelde-Worbis, Thüringen
WDA	Z	Werdau, Sachsen
WEL	LM	Oberlahnkreis, Hessen
WER	DLG	Wertingen, Bayern
WIS	NWM	Wismar, Mecklenburg-Vorpommern
WIT	EN	Witten, Nordrhein-Westfalen
WIZ	ESW	Witzenhausen, Hessen
WK	OPR	Wittstock/Dosse, Brandenburg
WLG	VG	Wolgast, Mecklenburg-Vorpommern
WMS	BK	Wolmirstedt, Sachsen-Anhalt
WOH	KS	Wolfhagen, Hessen
WOL	OG	Wolfach, Baden-Württemberg
WOR	M/STA/TÖL	Wolfratshausen, Bayern
WOS	FRG	Wolfstein, Bayern
WR	HZ	Wernigerode, Sachsen-Anhalt
WRN	MÜR	Waren, Mecklenburg-Vorpommern
WS	RO	Wasserburg/Inn, Bayern
WSF	BLK	Weißenfels, Sachsen-Anhalt
WSW	GR	Weißwasser, Sachsen
WÜM	CHA	Waldmünchen, Bayern
WUR	L	Wurzen, Sachsen
WZL	BK	Wanzleben, Sachsen-Anhalt
ZE	ABI	Zerbst, Sachsen-Anhalt
ZEL	COC	Zell/Mosel, Rheinland-Pfalz
ZI	GR	Löbau-Zittau, Sachsen
ZIG	HR	Ziegenhain, Hessen
ZP	ERZ	Zschopau, Sachsen
ZR	GRZ	Zeulenroda, Thüringen
ZZ	BLK	Zeitz, Sachsen-Anhalt